电力市场化交易必读

陈向群　罗朝春　成　涛　刘　勇　徐文超　张明敏
陈洪荔　蒋　磊　唐　烨　樊　芮　葛　亮　谭雯娟
肖　聪　刘永卫　张　倜　周　涛　张蓝宇　周　旭
刘　行　彭文彬　万　灿　周艳红　王东旎　刘翔斌
李芝欢　李　杨

编　著

中国电力出版社
CHINA ELECTRIC POWER PRESS

内容提要

本书主要聚焦电力市场的基本概念和运行实操，全面介绍电力市场发展背景和最新政策要求，着力阐述市场准入与退出、中长期交易分类与基本流程、各类市场主体结算流程与清算算法、交易平台开发与应用、合同管理与信用评价等电力交易核心业务，深度介绍电力现货交易与辅助服务市场、可再生能源消纳等最新发展方向，并探讨了交易机构公司化规范运行的路径。

本书可作为电力市场主体岗位培训和技能考核的培训教材，也可以作为市场运营机构、监督者、高校师生以及对电力市场感兴趣的读者的学习参考用书。

图书在版编目（CIP）数据

电力市场化交易必读 / 陈向群等编著. —北京：中国电力出版社，2023.6（2024.10重印）
ISBN 978-7-5198-7681-4

Ⅰ. ①电⋯ Ⅱ. ①陈⋯ Ⅲ. ①电力市场－市场交易－基本知识 Ⅳ. ①F407.61

中国国家版本馆 CIP 数据核字（2023）第 050788 号

出版发行：	中国电力出版社
地　　址：	北京市东城区北京站西街 19 号（邮政编码 100005）
网　　址：	http://www.cepp.sgcc.com.cn
责任编辑：	刘丽平　张冉昕
责任校对：	黄　蓓　常燕昆
装帧设计：	张俊霞
责任印制：	石　雷
印　　刷：	北京天泽润科贸有限公司
版　　次：	2023 年 6 月第一版
印　　次：	2024 年 10 月北京第三次印刷
开　　本：	710 毫米 ×1000 毫米　16 开本
印　　张：	11.5
字　　数：	171 千字
印　　数：	3001—3500 册
定　　价：	48.00 元

版权专有　侵权必究

本书如有印装质量问题，我社营销中心负责退换

电力市场化交易必读

前言

　　电力市场交易是发现电力商品价值、实现资源优化配置的重要实践。自2015年电力改革提速以来，国家层面、各省层面密集出台了电力市场改革政策，电力市场交易如火如荼开展，市场主体数量成几何倍数增长。笔者在从事电力市场交易工作期间，经常收到各类电力市场从业人员反映，电力市场变化快、政策文件多、规则复杂。尤其是近两年，全国统一电力市场提出、新型电力系统建设提速以及现货市场全面铺开，电力市场从业人员亟须内容全面的专业书籍。因此，撰写《电力市场化交易必读》一书，将最新的政策文件内容与电力交易的核心业务实践融合起来，努力提供具有时效性、针对性、全面性、可实操的电力交易参考。

　　国内外电力市场发展历程不长，加上"电"不同于普通商品，其特殊性决定了当前电力市场发展的复杂性和独特性。与此同时，国内电力市场发展迅速，市场交易技术含量高，国内目前尚未有成熟的、与时俱进的有关电力市场的参考用书，而国外电力市场书籍又与中国国情不符。因此编者在编写本书的过程中，参阅了大量最新的政策文件，收集了近几年市场主体普遍反映的问题，借鉴了各省的交易经验模式，结合亲身从事电力交易的工作实际，从电力市场改革入手，详细介绍了最新的政策文件要求，花费大量篇幅重点阐述了市场主体入市注册、参与交易、结算清算、平台应用、合同签订等全流程的细节，并采用实例佐以说明，具有很强的指导性。本书同时对电力现货市场、辅助服务市场、可再生能源消纳责任权重等市场最新发展方向进行了探索，从提升服务质效和实现公司化运营的角度，探讨了交易机构独立规范运营的内容，希望对各类市场主体、监管者、市场运营机构工作人员具有参考价值。

　　全书由陈向群、罗朝春等编著，另由数十位多年从事电力交易的专业人员参加撰稿编写工作。本书编写过程中得到了银车来、孟庆强、李艺波、梁剑、刘志成、蒋冬、易胜利、袁劲松、潘继雄、陈庆祺等人的垂注和指导。在此，致以诚挚的感谢！

限于作者的经验和写作水平，书中难免存在纰漏之处，恳请广大读者批评指正。

编 者

2023 年 2 月

目录

前言

1 电力市场概述 ··· 1
1.1 电力市场改革 ·· 1
1.2 电力市场的构成 ·· 4
1.3 全国统一电力市场建设 ································· 13
1.4 电价改革和代理购电 ··································· 16
1.5 新型电力系统建设 ······································· 18

2 电力市场准入、注册及退出 ······························ 23
2.1 市场准入 ·· 23
2.2 市场注册 ·· 24
2.3 市场退出 ·· 27
2.4 电力用户市场关系管理 ································· 29

3 电力中长期交易 ··· 35
3.1 中长期交易的定义、作用与组成 ···················· 35
3.2 交易的分类 ··· 39
3.3 交易流程 ·· 43
3.4 交易价格 ·· 47
3.5 月度交易计划编制与调整 ····························· 54
3.6 交易结果执行和偏差处理 ····························· 55
3.7 电力电量平衡分析预测 ································ 58

3.8 市场干预 ……………………………………………………… 59

4 电力现货交易与辅助服务市场 ……………………………… 61

4.1 现货交易的定义 ……………………………………………… 61
4.2 现货交易模式 ………………………………………………… 62
4.3 现货交易品种、流程与定价 ………………………………… 63
4.4 现货市场评估分析与风险管控 ……………………………… 65
4.5 电力辅助服务的基本概念 …………………………………… 67
4.6 电力辅助服务市场的建设 …………………………………… 67
4.7 辅助服务市场的设计 ………………………………………… 69
4.8 辅助服务市场的运营 ………………………………………… 71

5 可再生能源消纳 ……………………………………………… 75

5.1 可再生能源消纳的意义 ……………………………………… 75
5.2 可再生能源消纳责任 ………………………………………… 77
5.3 可再生能源消纳保障 ………………………………………… 79
5.4 可再生能源消纳市场交易 …………………………………… 80

6 电力交易结算 ………………………………………………… 90

6.1 结算基本流程 ………………………………………………… 90
6.2 结算计量 ……………………………………………………… 90
6.3 发电企业结算 ………………………………………………… 93
6.4 售电公司结算 ………………………………………………… 97
6.5 电力用户结算 ………………………………………………… 99
6.6 清算 …………………………………………………………… 104

7 电力交易合同及合规管理 …………………………………… 107

7.1 合同类型 ……………………………………………………… 107
7.2 合同签订 ……………………………………………………… 108
7.3 合同执行 ……………………………………………………… 109

7.4 合同"六签" …………………………………………………… 110
7.5 合规责任 ……………………………………………………… 110
7.6 市场运营监控 ………………………………………………… 114
7.7 电力市场主体信用评价 ……………………………………… 115

8 电力市场服务及信息公开 ………………………………………… 119
8.1 市场服务基本原则 …………………………………………… 119
8.2 电力交易大厅管理 …………………………………………… 123
8.3 服务热线 ……………………………………………………… 124
8.4 信息披露 ……………………………………………………… 125
8.5 履约保函 ……………………………………………………… 134

9 电力交易平台 ……………………………………………………… 136
9.1 电力交易平台开发与功能 …………………………………… 136
9.2 功能开发流程 ………………………………………………… 140
9.3 平台应用 ……………………………………………………… 141
9.4 可再生能源消纳责任权重系统 ……………………………… 145
9.5 "e-交易"App ……………………………………………… 145
9.6 平台安全与保密管理 ………………………………………… 146
9.7 常见问题处理 ………………………………………………… 150

10 电力交易综合管理 ……………………………………………… 152
10.1 电力交易机构的公司化管理 ………………………………… 152
10.2 电力交易文化 ………………………………………………… 172

1 电力市场概述

1.1 电力市场改革

1.1.1 改革目的

中国电力的发展已有 140 年历程。初期，中国电力工业发展缓慢，几经波折。中华人民共和国成立后，电力工业作为国民经济的支柱工业，经历了艰苦创业、稳步发展的过程。1978 年改革开放后，我国实行"政企分开、省为实体、联合电网、统一调度、集资办电"的方针，加速电力工业的发展。我国电力市场化改革进程从 2002 年实施"厂网分开、主辅分离、输配分开、竞价上网"的电力体制改革起步，2015 年《中共中央 国务院关于进一步深化电力体制改革的若干意见》（中发〔2015〕9 号）确定了"三放开、一独立、三强化"的改革路径，2021 年中央全面深化改革委员会第二十二次会议提出"要健全多层次统一电力市场系统，加快建设国家电力市场"，电力市场建设逐渐提速。在党中央、国务院的领导下，我国电力行业快速发展，电力服务水平普遍提高，电力市场建设稳步推进，市场资源优化配置作用明显增强，电价形成机制逐步完善，目前已初步形成了电力市场主体多元化竞争格局。从我国电力工业体制改革的政策方向和历程来看，打破计划体制下的垄断、建立市场化机制、加强监管和完善立法等是改革的重要内容。我国的电力市场化建设主要可分为以下三个阶段。

第一阶段：电力市场建设起步探索期

2002 年 2 月，国务院印发《电力体制改革方案》，提出打破垄断、引入竞争、提高效率等改革举措，将竞争机制引入发电环节，逐步实现厂网分离、竞价上网，拉开了我国电力市场改革发展的序幕。2007 年 4 月，国务院办公厅转发实施《关于"十一五"深化电力体制改革的实施意见》（国办发〔2007〕19 号），明确按照 2002 年电力体制改革确定的方向和总体目标，进一步推进和深

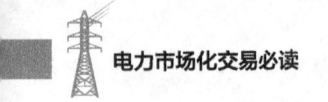

化改革，提出"坚持以改革促发展""坚持市场化改革方向""坚持整体规划、分步实施、重点突破""正确处理改革、发展、安全和稳定的关系"等电力体制改革的基本原则。

第二阶段：电力市场改革加速期

2015年3月，《中共中央　国务院关于进一步深化电力体制改革的若干意见》（中发〔2015〕9号）明确进一步推进电力体制深化改革，解决制约电力行业科学发展的突出矛盾和深层次问题，提出新阶段推进电力体制改革的重点任务，标志着新一轮电力体制改革以顶层设计为主，以各省的市场建设为起步，主要按照"放开两头，管住中间"的体制框架，有序推进电力体制市场化改革。2017年，我国基本建立覆盖全国的电力交易中心机构，初步营造了市场竞争格局；2018年，南方（以广东起步）等8个地区现货市场试点结算试运行，标志我国电力市场化改革迈出关键性的一步；2020年实现了燃煤机组标杆电价向"基准价+上下浮动"的转变，启动了电力交易中心的股份制改革，继续扩大电力市场化交易规模。2021年10月，国家发展改革委印发《关于进一步深化燃煤发电上网电价市场化改革的通知》（发改价格〔2021〕1439号），提出有序放开全部燃煤发电电量上网电价，扩大市场交易电价上下浮动范围，推动工商业用户进入市场，取消工商业目录销售电价，保持居民、农业、公益性事业用电价格稳定，充分发挥市场在资源配置中其决定性作用，更好发挥政府作用，保障电力安全稳定供应，促进产业结构优化升级，推动构建新型电力系统，助力碳达峰、碳中和目标实现。

第三阶段：电力市场改革高速发展期

2022年1月，国家发展改革委印发《关于加快建设全国统一电力市场体系的指导意见》（发改体改〔2022〕118号），明确提出我国将分两阶段建设全国统一电力市场：到2025年，全国统一电力市场体系初步建成，国家市场与省（区、市）/区域市场协同运行，电力中长期、现货、辅助服务市场一体化设计、联合运营，跨省跨区资源市场化配置和绿色电力交易规模显著提高，有利于新能源、储能等发展的市场交易和价格机制初步形成；到2030年，全国统一电力市场体系基本建成，适应新型电力系统要求，国家市场与省（区、市）/区域市场联合运行，新能源全面参与市场交易，市场主体平等竞争、自主选择，电力

资源在全国范围内得到进一步优化配置。这标志着我国电力计划机制将全面走向市场化，新一轮电力体制改革也将顺势走向深入。

当前，电力行业发展还面临一些亟须通过改革解决的问题，主要有市场交易机制缺失，资源利用效率不高；价格关系没有理顺，市场化定价机制尚未完全形成；政府职能转变不到位，各类规划协调机制不完善；发展机制不健全，新能源和可再生能源开发利用面临困难；立法修法工作相对滞后，制约电力市场化和健康发展。为解决制约电力行业科学发展的突出矛盾和深层次问题，促进电力行业又好又快发展，推动结构调整和产业升级，必须加快深化电力体制改革的进程。

习近平总书记在2020年联合国气候峰会上提出中国将在2030年实现"碳达峰"，2060年实现"碳中和"目标。实现"双碳"目标，是贯彻新发展理念、构建新发展格局、推动高质量发展的内在要求，推进能源绿色低碳转型是实现碳达峰碳中和目标的关键。在加快构建清洁低碳安全高效能源体系上，深化能源体制机制改革必不可少。通过全面推进电力市场化改革，完善电力等能源品种价格市场化形成机制，从有利于节能的角度深化电价改革，加快完善能源统一市场，有利于发挥市场对资源配置的决定作用，为经济社会发展提供充足、稳定的清洁电力支撑。

1.1.2 指导思想和统一市场

电力市场化改革应遵循电力运行规律和市场经济规律，适应新形势下我国新发展理念和碳达峰、碳中和目标的新要求，更好地统筹发展和安全两个主题，优化电力市场总体设计，健全多层次统一电力市场体系，统一交易规则和技术标准，破除市场壁垒，推进适应能源结构转型的电力市场机制建设，加快形成统一开放、竞争有序、安全高效、治理完善的电力市场体系。

我国进一步深化电力市场改革的重点，在于加快建设全国统一电力市场体系，实现电力资源在更大范围内共享互济和优化配置，提升电力系统稳定性和灵活调节能力，推动形成适合中国国情、有更强新能源消纳能力的新型电力系统。建设全国统一电力市场体系应遵循以下四项基本原则：

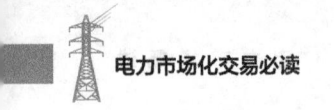

总体设计，稳步推进。做好电力市场功能结构的总体设计，实现不同层次市场的高效协同、有机衔接。坚持问题导向，积极稳妥推进市场建设，鼓励因地制宜开展探索。

支撑转型，安全可靠。完善体制机制，创新市场模式，促进新能源的投资、生产、交易、消纳，发挥电力市场对能源清洁低碳转型的支撑作用。协同推进市场建设与电网运行管理，防范市场建设风险，确保电力系统安全稳定运行。

立足国情，借鉴国际。立足我国能源资源禀赋、经济社会发展等实际国情，借鉴国际成熟电力市场建设经验，发挥国内市场优势，适应电力行业生产运行规律和发展需要，科学合理设计市场模式和路径。

统筹兼顾，做好衔接。统筹考虑企业和社会的电力成本承受能力，做好基本公共服务供给和电力市场建设的衔接，保障电力公共服务供给和居民、农业等用电价格相对稳定。

1.2　电力市场的构成

1.2.1　电力市场的组成

电力市场包括广义和狭义两种定义。广义的电力市场是电力生产、传输、使用和销售关系的总和。狭义的电力市场是指竞争性的电力市场，即电能生产者和使用者通过协商、竞价等方式就电能及其相关产品进行交易，通过市场竞争确定价格和数量的机制。

电力市场分为批发市场和零售市场，参与者包括市场主体、市场运营机构。其中，市场运营机构包括电力交易机构、电力调度机构；电力批发市场的交易主体包括各类发电企业、电网企业、售电公司（配售电企业）、电力用户和储能企业等；电力零售市场的交易主体为电力用户、售电公司和电网企业等。

在加快构建清洁低碳安全高效的能源体系过程中，将逐步发展多元竞争的市场主体，如推动燃气、热电联产、新能源、核电等优先发电主体参与市场；分批次推动经营性用户全面进入市场；引导用户侧可调负荷资源、储能、分布式能源、电动汽车充电设施参与市场交易；明确以消纳可再生能源为主的增量配电网、微电网和分布式电源的市场主体地位；培育负荷聚合商、虚拟电厂运营商、综合能源服务商等资源聚合主体参与交易。

电力交易按种类可分为中长期交易、现货交易、辅助服务交易。随着电力市场发展的逐步成熟，将出现电力容量市场及金融市场。目前，中长期交易按时间分为多年、年度、月前、月内交易，按标的物和性质又可分为电能量交易、合同转让交易、发电权交易等。辅助服务交易是指除正常电能生产、输送、使用外，为维护电力系统的安全稳定运行、保证电能质量，由发电企业、电网经营企业和电力用户提供的额外服务。现货交易是指日前和日内的电能量交易，目前还处于试点阶段。

1.2.2 电力交易机构

1.2.2.1 概述

成立电力交易机构是为贯彻落实《中共中央 国务院关于进一步深化电力体制改革的若干意见》(中发〔2015〕9号)的需要。根据该文件，要求建立相对独立的电力交易机构，形成公平规范的市场交易平台。随后，中发9号文配套文件《关于电力交易机构组建和规范运行的实施意见》细化了对交易机构组建及规范运行的有关要求和思路，为电力交易机构的定位和职能做出了明确定义。

将原来由电网企业承担的交易业务从电网中剥离出来，按照政府批准的章程和规则组建股份制的交易机构，电力交易机构不以营利为目的，为电力市场交易提供服务。相关政府部门依据职责对电力交易机构实施有效监管。电力交易机构可以由电网企业、第三方机构及发电企业、售电企业、电力用户等市场主体参股。通过组织发电企业与售电公司或者电力用户在交易平台进行交易，实现发电企业的有序竞争，推进资源优化配置和发电企业效率、效益提升。

电力交易机构的经营宗旨是：公开透明，规范运营，服务党和国家工作大局、服务经济社会发展、服务电力市场主体。公开透明就是要公平、公正、公开、透明开展交易和结算。规范运营就是要按照国家和地方政府颁布制定、批准的有关规则开展工作，完善公司治理结构，遵守法律法规。电力交易机构要服务党和国家工作大局，顺应电力体制改革要求，在构建全国统一电力市场和建立新型电力系统建设中发挥重要作用。要通过市场化交易，发挥市场在资源

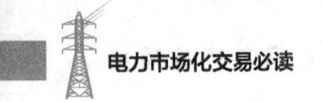

配置中的决定作用，努力提升效率、效益，为经济社会发展提供坚强清洁电力保障。要围绕电力市场各方主体多元需求，持续提升服务质效，打造公平高效的电力市场枢纽平台。

1.2.2.2 交易机构组建及规范运行的指导思想及基本原则

交易机构组建及规范运行的指导思想是坚持市场化改革方向，适应电力工业发展客观要求，以构建统一开放、竞争有序的电力市场体系为目标，组建相对独立的电力交易机构，搭建公开透明、功能完善的电力交易平台，依法依规提供规范、可靠、高效、优质的电力交易服务，形成公平公正、有效竞争的市场格局，促进市场在能源资源优化配置中发挥决定性作用和更好地发挥政府作用。

交易机构组建及规范运行的基本原则包括三个方面的内容：一是平稳起步，有序推进。根据目前及今后一段时期我国电力市场建设目标、进程及重点任务，立足于我国现有网架结构、电源和负荷分布及其未来发展，着眼于更大范围内资源优化配置，统筹规划、有序推进交易机构组建工作，建立规范运行的全国电力交易机构体系。二是相对独立，依规运行。将原来由电网企业承担的交易业务与其他业务分开，实现交易机构管理运营与各类市场主体相对独立。依托电网企业现有基础条件，发挥各类市场主体积极性，鼓励具有相应技术与业务专长的第三方参与，建立健全科学的治理结构。各交易机构依规自主运行。三是依法监管，保障公平。交易机构按照政府批准的章程和规则，构建保障交易公平的机制，为各类市场主体提供公平优质的交易服务，确保信息公开透明，促进交易规则完善和市场公平。政府有关部门依法对交易机构实施监管。

1.2.2.3 交易机构的经营范围和职责

交易机构不以营利为目的，在政府监管下为市场主体提供规范公开透明的电力交易服务。将原来由电网企业承担的交易业务与其他业务分开，按照政府批准的章程和规则组建交易机构。交易机构可以采取电网企业相对控股的公司制、电网企业子公司制、会员制等组织形式。其中，电网企业相对控股的公司制交易机构，由电网企业相对控股，第三方机构及发电企业、售电企业、电力用户等市场主体参股。会员制交易机构由市场主体按照相关规则组建。

交易机构的主要职责包括拟定交易规则、市场成员注册管理、电力交易组织、交易合同管理、交易计划编制与跟踪、交易结算、信息发布、交易平台建设与运维等。

以湖南电力交易中心为例，电力交易机构的经营范围是电力市场交易平台的建设、运营和管理，湖南省电力市场主体的交易注册和相应管理，组织开展各类电力交易，管理各类电力交易合同，提供结算依据和服务，开展湖南省电力市场建设和规则的研究，提供咨询、培训等市场服务，披露和发布电力市场信息。

1.2.2.4 交易机构组建实例

以湖南电力交易中心为例，根据《中共中央 国务院关于进一步深化电力体制改革的若干意见》（中发〔2015〕9号）和《国家发展改革委、国家能源局关于印发电力体制改革配套文件的通知》（发改经体〔2015〕2752号），经请示湖南省政府同意，由湖南省经济与信息化委员会批复，湖南电力交易中心有限公司（简称交易中心）于2016年6月以电网公司全资子公司的形式正式注册成立，旨在搭建公开透明、功能完善、规范运行的电力交易平台，依法依规提供规范、可靠、高效的电力交易服务。

1. 第一轮股份制改造

2018年8月，国家发展改革委、国家能源局印发了《关于推进电力交易机构规范化建设的通知》（发改经体〔2018〕1246号），明确要求各省交易中心进行股份制改造。2018年11月，湖南省工信厅经省政府批准，印发了《湖南电力交易中心有限公司股份制改造实施方案》（湘工信能源〔2018〕19号），要求交易中心开展股份制改造有关工作。2020年3月，经国资委批准，14家意向参股单位通过北京产权交易所公开挂牌交易，最终有12家单位摘牌成为公司股东，电网企业的持股比例降至72.53%。

2. 第二轮股份制改造

随着电力体制改革的推进，国家发展改革委、国家能源局于2020年2月印发了《关于推进电力交易机构独立规范运行的实施意见》（发改体改〔2019〕234号），要求加快推进电力交易机构股份制改造，2020年上半年，各省交易中

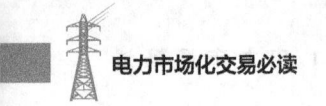

心中电网企业持股比例全部降至 80% 以下，2020 年底前将电网企业持股比例降至 50% 以下。2020 年 7 月，湖南省发改委印发了《湖南电力交易中心有限公司独立规范运行实施方案》（湘发改能源〔2020〕558 号），要求年底前完成交易中心股权优化工作，将电网企业持股比例降至 50% 以下，交易中心按要求全力推进股权优化有关工作。

根据湖南省发改委印发的《湖南电力交易中心有限公司独立规范运行实施方案》（湘发改能源〔2020〕558 号），对现有股东增资扩股，电网企业持股比例降至 41%，全面完成湖南电力交易中心股份制改造，形成法人治理结构健全完善，交易业务规范有序开展的良好局面，推动交易机构独立规范运行。

1.2.3 电力市场管理委员会

1.2.3.1 政策背景

为维护市场的公平、公正、公开，保障市场主体的合法权益，充分体现各方意愿，国家发展改革委、国家能源局 2015 年 11 月印发了《关于电力交易机构组建和规范运行的实施意见》，提出可建立市场管理委员会，并规定了市场管理委员会的功能定位、如何组建及议事范围等。国家发展改革委、国家能源局 2018 年 8 月印发了《关于推进电力交易机构规范化建设的通知》（发改经体〔2018〕1246 号），明确要求尚未成立市场管理委员会的电力交易机构，要尽快成立市场管理委员会。已成立市场管理委员会的电力交易机构，要进一步规范。国家发改委、国家能源局 2020 年 2 月印发了《关于推进电力交易机构独立规范运行的实施意见》（发改体改〔2019〕234 号），要求进一步厘清交易机构、市场管理委员会和调度机构的职能定位，对市场管理委员会的功能定位、如何组建、议事范围等事项进行了再次明确。

1.2.3.2 市场管理委员会的组建

根据国家发展改革委、国家能源局《关于电力交易机构组建和规范运行的实施意见》，市场管理委员会可由电网企业、发电企业、售电企业、电力用户等组成。按类别选派代表组成。根据国家发展改革委、国家能源局《关于推进电力交易机构规范化建设的通知》（发改经体〔2018〕1246 号），市场管理委员会

由电网企业、发电企业、售电企业、电力用户等组成。根据《关于推进电力交易机构独立规范运行的实施意见》（发改体改〔2019〕234号），市场管理委员会由电网企业、发电企业、售电企业、电力用户、交易机构、第三方机构等各方面代表组成。每个交易机构须有对应的市场管理委员会，区域性交易机构对应的市场管理委员会主任委员由国家发展改革委、国家能源局提名，省（自治区、直辖市）交易机构对应的市场管理委员会主任委员由国家能源局派出机构和所在地区政府有关部门提名，由各自市场管理委员会投票表决。根据实际需要合理确定主任委员任期，同一主任委员不得连任超过两届任期。

1.2.3.3 市场管理委员会的功能定位及议事机制

根据国家发展改革委、国家能源局《关于电力交易机构组建和规范运行的实施意见》，市场管理委员会负责研究讨论交易机构章程、交易和运营规则，协调电力市场相关事项等。市场管理委员会实行按市场主体类别投票表决等合理议事机制，国家能源局及其派出机构和政府有关部门可以派员参加市场管理委员会有关会议。市场管理委员会审议结果经审定后执行，国家能源局及其派出机构和政府有关部门可以行使否决权。根据国家发展改革委、国家能源局《关于推进电力交易机构独立规范运行的实施意见》（发改体改〔2020〕234号），市场管理委员会是独立于交易机构的议事协调机制。市场管理委员会主要负责研究讨论各类交易规则，协调电力市场相关事项，协助政府有关部门监督和纠正交易机构不规范行为。

电力市场管理委员会建立定期和临时会议制度。定期召开全体会议。市场管委会临时会议可由秘书长根据工作需要召开，也可由市场管理委员会委员向秘书处提议召开。市场管委会会议原则上以现场会形式召开。市场管委会全体会议应有2/3以上的委员且每类别成员单位均有代表委员出席方可举行。

市场管委会会议议题一般通过以下方式产生：

（1）市场管理委员会秘书长认为必要的；

（2）5名及以上委员联名提议的；

（3）省级电力交易中心根据电力市场建设与运营需要提议的；

（4）市场管委会委员以外的市场注册成员可通过电子邮件、面谈等方式向

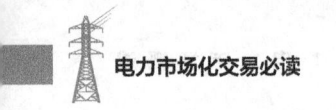

秘书处提出申请，经秘书处汇总报秘书长研究后提议的。

秘书处将已收悉的全体会议建议议题征询各委员意见，经市场管委会超过1/3的委员决议通过后，作为本次全体会议的正式议题。

市场管委会主任委员、秘书长提议，或者市场管委会5名及以上委员提议，可根据工作需要召开临时会议。市场管委会委员可向秘书处提交召开临时全体会议的申请，申请应包含需临时全体会议审议的议题、建议会议召开时间、联名申请的委员等。秘书处收到委员联名的临时会议申请后，由市场管委会秘书长确定临时全体会议召开时间，并及时向市场管委会成员发出会议通知。市场管委会全体会议召开前，秘书处向市场管委会各委员及时发放会议正式议题相关材料。秘书处应提前向市场管委会成员单位和委员发出会议通知。

市场管委会委员原则上应亲自出席会议。遇特殊情况，委员不能亲自出席会议的，可在提供授权委托书的前提下，委托该成员代表单位其他人员代为出席并履责。授权委托书应载明委托人姓名、受托人姓名、授权范围、授权权限、授权期限等事项，需由委托成员签字（盖章）后生效。每一名受托人不能同时接受2名及以上代表委托。

市场管委会设立合理的议事表决机制，遵循协商一致原则，实行市场主体类别票表决机制。电网企业、发电企业、电力用户、售电（配售电）企业、第三方及其他单位各类别的表决票均为1票，审议事项经4个及以上类别同意后通过。某一类别同意票须经本类委员半数以上同意，否则为不同意票。政府主管部门、监管机构及电网调度机构、电费结算机构等专业机构可列席会议，参与议事和专业小组讨论，不参与表决。市场管委会会议审议结果应形成会议纪要，并发至各成员单位。

市场管委会委员应认真履行参会职责，连续2次委派他人出席的，暂停投票权1次；连续3次委派他人出席或年委派他人出席次数达到3次，视为市场管委会委员不能履行相关职责。市场管委会成员单位委员本人出席会议人次不足应出席的1/3时，视为市场管委会成员单位不能履行相关职责。市场管委会成员单位不能履行相关职责的，市场管委会秘书长可提出成员单位调整建议，按程序列入全体会议议题，由会议讨论决定。市场管委会委员不能履行相关职责或不适合担任的，由成员单位向秘书处提出调整申请，经审核合格后予以更换。

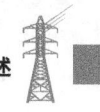

秘书处向市场管委会委员定期通报有关信息，包括市场管委会会议纪要、市场管委会年度工作计划、省级电力交易中心年度交易相关信息、市场管委会成员委员申请通报的其他信息。

1.2.3.4 市场管委会的运行

根据国家发展改革委、国家能源局《关于推进电力交易机构独立规范运行的实施意见》（发改体改〔2020〕234号），市场管理委员会要健全重大事项决策流程和表决机制，确保议事程序公开透明、公平合理，切实保障市场主体的合法权益。如湖南省2018年9月制定了《湖南省电力市场管理委员会议事规则》，2020年10月制定了《湖南省电力市场管理委员会常态运行机制》，2022年2月制定了《湖南省电力管理委员会专家人才管理办法》。湖南省市场管理委员会选拔组建市场管理委员会专家组参与相关事项的调查研究，为市场管理委员会议事协调提供参考；各成员单位可在每月召开的市场管理委员会会议上代表其所在的市场主体类别积极建言献策；湖南省市场管理委员会按照规定组织对重大事项进行表决；湖南省发展改革委、湖南省能源局、国家能源局湖南监管办公室均安排专人出席会议，充分听取意见建议，有效地发挥了市场管理委员会的议事协调作用。

根据电力市场管理委员会常态运行机制，市场管委会设秘书处，交易机构派员专职负责秘书处日常工作并提供办公场所。秘书处主要职责包括：负责联络电力市场主体，收集电力市场主体的意见、建议，形成市场管委会会议议题，并向相关市场主体反馈；负责做好市场管委会成员单位和委员的信息管理及联络工作；负责市场管委会会议的组织工作，包括会议议题征询、会议资料编写、会议纪要编撰、会议决议的报送和落实等工作；负责市场管委会规章制度、会议文件、市场运行报告以及向政府部门定期提交报告的编撰和上报；协调开展市场管委会的专家论坛、专题讲座、研讨会等各类学术交流活动；负责开展市场管委会要求的其他工作。

市场管委会根据需要设立专业工作组，专业工作组由各成员单位推荐。专业工作组负责市场管委会交办的相关专业工作，其主要职责包括负责市场管委会安排的各类交易规则研究以及市场协调工作。根据市场管委会和秘书处的工作安排，研究讨论市场交易相关技术标准、交易规则、实施方案，提出完善市场建设及交易组织工作的意见和建议等。对市场成员间交易的争议进行调查研究，向市场管委会提出解决问题的相关意见和建议，积极协调市场各方，公平、公正处理各类交易争议。专业工作组根据市场管委会需要由秘书处召集开展集中工作，市场管委会成员单位应督促本单位专业工作组成员认真完成市场管委会交办的事项。以湖南为例，市场管委会下设市场规则建议组及市场交易协调组等若干专业工作组，负责处理市场管委会交办的专业工作。各组按时完成交办任务后提交秘书处负责统一汇总，必要时提交市场管委会审议。市场规则建议组工作职责包括：研究讨论市场交易相关技术标准、交易规则、实施方案，提出完善市场建设及交易组织工作的意见和建议等。市场交易协调组工作职责包括：对市场成员间交易争议进行调查研究，向市场管委会秘书处提出解决问题的相关意见和建议，积极协调市场各方公平、公正处理各类交易争议。

市场管委会会议包括委员会议和一般会议。原则上委员会议由各成员单位委员参加，对重大事项按照成员类别进行表决。一般会议由秘书长召集，各成员单位派员参加，主要对有关事项进行研究讨论和协调。市场管委会会议原则上每月召开一次，年度会议根据需要与年底或年初的月度会议合并召开。国家能源局湖南监管办、政府有关部门可派员参加市场管委会会议。湖南电网调度机构、电费结算机构等专业机构可列席会议，参与议事和专业小组讨论，不参与表决。

1.2.4 市场运营机构与市场管理委员会

电力市场运营机构包括电力交易机构和调度控制中心。电力交易机构是为市场主体提供公平规范电力交易服务的专业机构，主要负责组织中长期市场交易，提供结算依据和服务；负责市场主体注册和管理，汇总电力交易合同，披露和发布市场信息等；配合调度机构组织现货交易和辅助服务市场建设。现货交易是指当天和前一天电力交易，即 $T+0$、$T+1$ 交易，而中长期市场交易是指前两天及以上电力交易，即 $T+2$ 及以上交易。不管哪种交易，结算依据均由电力交易机构提供。

调度控制中心是电网经营企业和供电企业的重要组成部分，是电网运行的

指挥中心，其根本职责是依法行使生产指挥权，对电网运行进行组织、指挥、指导和协调，负责电力电量平衡、发电生产组织、电力系统安全运行、电网运行操作和事故处理，依法依规落实电力市场交易结果，保障电网安全、稳定和优质、经济运行，负责现货交易和辅助服务市场建设。

市场管理委员会由电网企业、发电企业、售电企业、电力用户、交易机构、第三方机构等各方面代表组成，是独立于交易机构的议事协调机制。市场管理委员会主要负责研究讨论各类交易规则，协调电力市场相关事项，协助政府有关部门监督和纠正交易机构不规范行为；每个交易机构有对应的市场管理委员会，交易机构对应的市场管理委员会主任委员由国家能源局派出机构和所在地区政府有关部门提名，由各自市场管理委员会投票表决。市场管理委员会秘书处一般设在电力交易机构。

1.3 全国统一电力市场建设

1.3.1 政策出台背景

2015年，《中共中央 国务院关于进一步深化电力体制改革的若干意见》（中发〔2015〕9号）印发实施，标志着中国开启新一轮电改。7年以来，中国在逐步放开发用电计划、扩大中长期交易规模、推进现货交易试点、促进清洁能源消纳等关键问题上取得了重大进展，2021年全国市场化交易电量接近45%。随着新一轮电力体制改革逐步推进，一些深层次问题开始凸显。

中国电力市场存在体制不完整、功能不完善、交易规则不统一的问题，这主要体现在市场政策、交易规则变化较频繁，市场模式和交易品种差异较大，市场衔接机制不够完善等方面。中国能源供需呈现逆向分布，跨省跨区交易存在市场壁垒，各地在省内电、省外电、外送电的协调使用上存在矛盾，亟须打破壁垒。2021年下半年，国内出现煤电价格倒挂现象，部分地区拉闸限电，使得搭建煤电之间有效的价格传导机制、完善市场化价格形成机制、有效平衡电力供需变得更为急迫。"双碳"目标要求加快构建新能源为主体的新型电力系统，需进一步提高风能、太阳能等清洁能源的渗透率。然而中国风光资源主要集中在"三北"地区，受区域电网负荷强度限制，窝电和缺电现象同时存在。

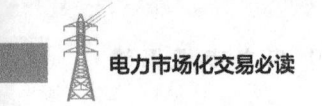

需要通过市场价格信号发挥引导作用，加强省际、区域间电网互联互通，在更大范围内配置新能源。

2021年11月24日，中央全面深化改革委员会第22次会议审议通过了《关于加快建设全国统一大市场的意见》，强调要遵循电力市场运行规律和市场经济规律，优化电力市场总体设计，实现电力资源在全国更大范围内共享互济和优化配置，加快形成统一开放、竞争有序、安全高效、治理完善的电力市场体系。

1.3.2 统一电力市场建设目标及主要内容

1.3.2.1 建设目标

2022年1月28日，国家发展改革委、国家能源局两部委发布了《关于加快建设全国统一电力市场体系的指导意见》（简称《指导意见》）。《指导意见》提出，健全多层次统一电力市场体系，研究推动适时组建全国电力交易中心。

《指导意见》为建设全国统一电力市场明确了时间线路图，并提出两个里程碑目标：到2025年，全国统一电力市场体系初步建成，国家市场与省/区域市场协同运行。到2030年，全国统一电力市场体系基本建成，适应新型电力系统要求，国家市场与省/区域市场联合运行，新能源全面参与市场交易，市场主体平等竞争、自主选择。

全国统一电力市场的建设旨在实现三大目标：一是减少政府对资源的直接配置，重构市场与政府间关系，还原电力的商品属性，更好地发挥市场配置资源的决定性作用；二是提升电力系统稳定性和灵活调节能力，在全国更大范围内促进电力资源共享互济和优化配置；三是激励新能源参与交易，在保障能源安全和经济性两大目标下，提升电力市场对高比例新能源的适应性，促进新能源更大规模、更高效率的生产、传输和消纳，推动低碳转型。

1.3.2.2 主要内容

《指导意见》提出，要引导各层次电力市场协同运行和有序推进跨省跨区市场间开放合作。按照"宜省则省，宜区域则区域"的原则，区域市场与省市场不分高低层级、不分先后顺序。

首先是多层次市场。国家电力市场层、省（自治区、直辖市）/区域电力市场层相互耦合、有序衔接。在国家层面,加快建设国家电力市场,充分发挥北京、广州电力交易中心作用,完善电力交易平台运营管理和跨省跨区市场交易机制,研究推动适时组建全国电力交易中心。在组建全国电力交易中心后,将引入多种市场主体和战略投资者,形成多方合力的治理体系,共同支撑电力市场合规运营。在省级/区域层面,稳步推进省(区、市)/区域市场建设,提高省域内电力资源配置效率。

其次是市场协同运行。引导各层次电力市场协同运行,条件成熟时支持省(区、市)市场与国家市场融合发展,或多省(区、市)联合形成区域市场后再与国家市场融合发展。有序推进跨省跨区市场间开放合作,分类放开跨省跨区优先发电计划,推动将国家送电计划、地方政府送电协议转化为政府授权的中长期合同。

第三是各层次市场的功能定位。其中,省(区、市)市场主要发挥基础作用,主要负责保证省内电力基本平衡和省内电力资源的优化配置。区域市场开展跨省区电力中长期交易和调频、备用辅助服务交易,优化区域电力资源的配置。国家电力市场则负责省(区、市)/区域市场间的共享互济和优化配置。

另外,形成适合中国国情、有更强新能源消纳能力的新型电力系统,也是《指导意见》的重要组成部分。《指导意见》还要求,完善适应高比例新能源的市场机制,有序推动新能源参与电力市场交易,以市场化收益吸引社会资本,促进新能源可持续投资。

1.3.3 建设影响

目前,跨省跨区交易主要由国家电网公司、南方电网公司各自经营范围内的北京和广州电力交易中心统一组织,基本按照国家计划、政府间协议确定电量和电价,由电网企业以统购统销的模式交易。全国电力交易中心推出后,两大国家级电力交易中心扮演的角色和定位或改变。

电力体制改革包括调度交易体制改革。调度权属于公权力,需要政府严格监管。目前输电和配电领域的电力调度权,主要由电网企业掌控。保障电力安全与保供是电网企业最重要的责任,如果丧失统一的交易和调度系统,电网存在崩溃风险。电力是特殊商品,不能只从经济利益层面考虑搭建大市场,去阐

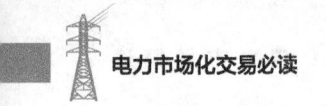

述大自由经济市场的意义。全国统一电力市场的搭建已形成框架，但真正统一交易规则，打破省间壁垒，协调好各相关部门之间的利益关系，优化全国范围内的电力资源在配置，是一个长期的任务和逐步实现的过程。最终，全国统一电力市场将在保障安全及"双碳"目标达成的前提下，推动电力市场公平竞争，提高竞争效率，降低电力成本，使终端用户享受真正的改革红利。

1.4 电价改革和代理购电

1.4.1 燃煤发电上网电价市场化改革

国家发展改革委2021年10月12日印发了《关于进一步深化燃煤发电上网电价市场化改革的通知》（发改价格〔2021〕1439号，以下简称《通知》）。《通知》明确了四项重要改革措施：一是有序放开全部燃煤发电电量上网电价；二是扩大市场交易电价上下浮动范围；三是推动工商业用户都进入市场；四是保持居民、农业、公益性事业用电价格稳定。为确保改革平稳落地，《通知》明确了多项保障措施，要求全面推进电力市场建设，加强与分时电价政策衔接，同时避免不合理行政干预，加强煤电市场监管。

此次改革是电力市场化改革又迈出的重要一步，核心是真正建立起了"能跌能涨"的市场化电价机制。按照电力体制改革"管住中间、放开两头"总体要求，此次改革，在"放开两头"方面均取得重要进展，集中体现为两个"有序放开"。

在发电侧，有序放开全部燃煤发电上网电价。我国燃煤发电电量占比高，燃煤发电上网电价在发电侧上网电价形成中发挥着"锚"的作用。目前，已经有约70%的燃煤发电电量通过参与电力市场形成上网电价。改革明确推动其余30%的燃煤发电电量全部进入电力市场，这样将进一步带动其他类别电源发电量进入市场，为全面放开发电侧上网电价奠定坚实基础。

在用电侧，有序放开工商业用户用电价格。目前，大约44%的工商业用电量已通过参与市场形成用电价格。改革明确提出有序推动工商业用户都进入电力市场，按照市场价格购电，取消工商业目录销售电价。尚未进入市场的工商业用户中，10kV及以上的工商业用户用电量大、市场化条件好，全部进入市

场；其他工商业用户也要尽快进入。届时，目录销售电价只保留居民、农业类别，基本实现"能放尽放"。同时，明确对暂未直接从电力市场购电的工商业用户由电网企业代理购电，代理购电价格通过市场化方式形成；要求电网企业首次向代理用户售电时，至少提前1个月通知用户，确保改革平稳过渡。

从当前看，改革有利于进一步理顺煤电关系，保障电力安全稳定供应；从长远看，改革将加快推动电力中长期交易、现货市场和辅助服务市场建设发展，促进电力行业高质量发展，支撑新型电力系统建设，服务能源绿色低碳转型，并将对加快推动发用电计划改革、售电侧体制改革等电力体制其他改革发挥重要作用。

此次改革不影响居民电价及用电方式，对物价水平的影响有限。但扩大了市场价格浮动范围，按照用电多、能耗高企业多付费的原则，《通知》明确，扩大市场交易电价上下浮动范围，将燃煤发电市场交易价格浮动范围由现行的上浮不超过10%、下浮原则上不超过15%，扩大为上下浮动原则上均不超过20%，高耗能企业市场交易电价不受上浮20%限制，可以更加充分地传导发电成本上升压力，抑制不合理的电力消费、改善电力供求状况，推动产业结构转型升级。

1.4.2 电网企业代理购电

国家发展改革委出台《关于进一步深化燃煤发电上网电价市场化改革的通知》（发改价格〔2021〕1439号），一方面有序放开全部燃煤发电电量进入市场，另一方面推动工商业用户全面进入市场。考虑到我国有近5000万户的工商业用户，一次性全部进入市场比较困难，为了确保电价改革政策平稳实施，国家发展改革委办公厅发布了《关于组织开展电网企业代理购电工作有关事项的通知》（发改办价格〔2021〕809号，以下简称《通知》），研究制定了电网企业代理购电机制，对于尚未直接进入市场的工商业用户暂由电网企业代理购电，当用户具备自主进入市场的条件时可以选择进入市场。

（1）明确建立电网企业代理购电机制。电网企业通过挂牌交易方式代理购电，挂牌购电价格按当月月度集中竞价交易加权平均价格确定，挂牌成交电量不足部分由市场化机组按剩余容量等比例承担，价格按挂牌价格执行，无挂牌交易价格时，可通过双边协商方式形成购电价格。2022年1月起，电网企业通

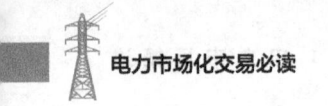

过参与场内集中交易方式（不含撮合交易）代理购电，以报量不报价的方式作为价格接受者参与市场出清，其中采取挂牌交易方式的，价格继续按当月月度集中竞价交易加权平均价格确定。

（2）明确坚持市场方向开展电网企业代理购电。鼓励新进入市场的电力用户通过直接参与市场形成用电价格，对暂未直接参与市场交易的用户，由电网企业通过市场化方式代理购电。各地有序推动工商业用户全部进入电力市场，按照市场价格购电。但是已参与市场交易、改为电网企业代理购电的用户，其价格按电网企业代理其他用户购电价格的1.5倍执行。已直接参与市场交易的高耗能用户，不得退出市场交易；尚未直接参与市场交易的高耗能用户原则上要直接参与市场交易。电网企业代理上述用户购电形成的增收收入，纳入其为保障居民、农业用电价格稳定产生的新增损益统筹考虑。

（3）明确代理购电用户电价形成方式。电网企业代理购电用户电价由代理购电价格（含平均上网电价、辅助服务费用等）、输配电价（含线损及政策性交叉补贴）、政府性基金及附加组成。其中，代理购电价格基于电网企业代理工商业用户购电费（含偏差电费）、代理工商业用户购电量等确定。代理购电产生的偏差电量，现货市场运行的地方按照现货市场价格结算，其他地方按照发电侧上下调预挂牌价格结算，暂未开展上下调预挂牌交易的按当地最近一次、最短周期的场内集中竞价出清价格结算。

保障机制平稳运行，是进一步深化燃煤发电上网电价市场化改革提出的明确要求，对有序平稳实现工商业用户全部进入电力市场、促进电力市场加快建设发展具有重要意义。通过建立代理购电机制，一方面不会影响用户的用电方式，确保用户在无能力、无条件进入市场的情况下由电网企业代理购电；另一方面代理购电的用户能够通过电网企业实时感受市场价格波动信号，合理调整用电行为。

1.5 新型电力系统建设

2022年2月10日，国家发展改革委和国家能源局印发了《关于完善能源绿色低碳转型体制机制和政策措施的意见》（发改能源〔2022〕206号，以下简称

《意见》），目的是建立推进能源绿色低碳发展的制度框架，构建以能耗总量和能耗强度"双控"和非化石能源目标制度为引领的能源绿色低碳转型推进机制。

构建新型电力系统是实现能源绿色低碳转型的基本途径。《意见》结合我国国情，按照先立后破、有序推进的原则，遵循事物发展的客观规律，从清洁能源资源调查、顶层设计和基础理论研究、新能源开发方针、系统柔性化建设、广域和局域电网优化、电力市场交易等方面对如何建设新型电力系统提出了具有针对性、操作性和前瞻性的意见，因此也是国家出台的第一个建设新型电力系统的指导性文件，具有纲领性意义。

1.5.1 新型电力系统构建基础

新型电力系统建设有三项最基础的工作：一是全面、准确掌握清洁低碳能源资源的赋存情况；二是探索和把握新型电力系统的发展和运行规律；三是科学制定新型电力系统的发展战略和各个时期的建设规划。

《意见》要求：一是以市（县）级行政区域为基本单元，全面开展全国清洁低碳能源资源详细勘察和综合评价，精准识别可开发清洁低碳能源资源并进行数据整合，完善并动态更新全国清洁低碳能源资源数据库。二是加强新型电力系统基础理论研究，推动关键核心技术突破，研究制定相关标准；推动互联网、数字化、智能化技术与电力系统融合，推动新技术、新业态、新模式发展，构建智慧能源体系。三是加强顶层设计，制定新型电力系统发展战略和总体规划，鼓励各类企业等主体积极参与新型电力系统建设；对现有电力系统进行绿色低碳发展适应性评估，在电网架构、电源结构、源网荷储协调、数字化智能化运行控制等方面提升技术和优化系统。

《意见》中关于"对现有电力系统进行绿色低碳发展适应性评估"，实际上是对传统电网发展路线和技术适应性的全面评估，是一项能对新型电力系统建设的科学性和经济性产生重大影响的基础性工作。我国传统化石能源资源西多东少是绝对的，但新能源资源西多东少则是相对的，与实际需要相比我国中东部地区也有较丰富的风能和太阳能，沿海省份加上生物质能、海上风电以及可以建设的核电等资源，非化石能源实现高比例自给甚至自平衡是完全可能的。新型电力系统提倡双向互动和"电自身边取"，每个县摸清楚自己清洁低碳能源

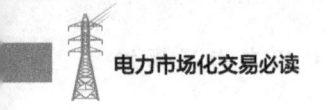

资源的真实家底非常重要。

同时，《意见》鼓励各类企业等主体积极参与新型电力系统建设，只有通过完善体制机制最大限度激活社会发展动力，才有可能以最小成本和最快速度取得新型电力系统构建的成功。

1.5.2　新能源开发方针

"集中式与分布式开发相结合，就近开发优先"的方针是由新能源密度低、分布广泛的特点决定的，也是业内的共识。一方面要优先就近开发、利用本地新能源资源，另一方面要合理推进大型风电和光伏发电基地建设。从长远和全局的角度并结合安全性和经济性要求看，新能源分布式就近开发利用的比例必然远大于集中式开发远距离输送的比例。

由于风电和光伏发电出力具有间歇式特点，系统需要有足够的调节电源，尤其在受端负荷集中地区，不仅要对现有煤电全面进行灵活性改造（包括增加必要的先进煤电机组），还要建设各种储能设施以及充分利用需求响应资源，不断提高系统整体柔性化水平。《意见》的相关内容有以下五条：

（1）以沙漠、戈壁、荒漠地区为重点，加快推进大型风电、光伏发电基地建设，对区域内现有煤电机组进行升级改造，探索建立送受两端协同为新能源电力输送提供调节的机制，支持新能源电力能建尽建、能并尽并、能发尽发。

（2）各地区应当统筹考虑本地区能源需求及可开发资源量等，按就近原则优先开发利用本地清洁低碳能源资源，根据需要积极引入区域外的清洁低碳能源，形成优先通过清洁低碳能源满足新增用能需求并逐渐替代存量化石能源的能源生产消费格局。鼓励各地区建设多能互补、就近平衡、以清洁低碳能源为主体的新能源系统。

（3）完善灵活性电源建设和运行机制，全面实施煤电机组灵活性改造、因地制宜建设天然气双调峰电源站、加快建设抽水蓄能电站、开展各种新型储能项目研究并逐步扩大其应用，完善各种调节性电源运行的价格补偿机制。

（4）在电力安全保供前提下，有序推动煤电向基础保障性和系统调节性电源并重转型，根据需要合理建设先进煤电机组，鼓励在合理供热半径内的存量凝汽式煤电机组实施热电联产改造，支持利用退役火电机组的既有厂址和相关设施建设新型储能设施或将机组改造为同步调相机。

（5）全面调查评价需求响应资源并建立分级分类清单，形成动态需求响应资源库，推动电力需求响应市场化建设，将需求侧可调节资源纳入电力电量平衡，发挥其削峰填谷、促进供需平衡和适应新能源电力运行的作用。

《意见》中"鼓励各地区建设多能互补、就近平衡、以清洁低碳能源为主体的新能源系统"指的就是以电力为主导的综合智慧能源系统，它是新型电力系统的微型自平衡单元，也是一种最具生命力的新业态。

1.5.3 优化广域和局域电网

构建新型电力系统离不开对现有电网的优化。根据《意见》要求，主要体现为以下四个方面的优化完善。

（1）完善适应可再生能源局域深度利用和广域输送的电网体系。整体优化输电网络和电力系统运行，提升对可再生能源的输送和消纳能力，加强省际、区域间电网互联互通，完善跨省跨区电价形成机制，促进可再生能源在更大范围消纳。大力推进高比例容纳分布式新能源电力的智能配电网建设，鼓励建设源网荷储一体化、多能互补的智慧能源系统和微电网。

（2）鼓励建设绿色用能产业园区和企业，发展工业绿色微电网，通过创新电力输送及运行方式实现可再生能源电力项目就近向产业园区或企业供电。

（3）在农村地区优先支持屋顶分布式光伏及沼气等生物质能发电接入电网，电网企业等应当优先收购其发电量。鼓励利用农村地区适宜分散开发风电、光伏发电的土地，探索统一规划、分散布局、农企合作、利益共享的可再生能源项目投资经营模式。

（4）加大对农村电网建设的支持力度，组织电网企业完善农村电网。加强电网技术、运行和电力交易方式创新，支持新能源电力就近交易，为农村公益性和生活用能以及乡村振兴相关产业提供低成本绿色能源。

输电网整体优化的效果主要体现在可再生能源输送能力增强、输电成本降低、电网安全可靠性提高三个方面。风电和光伏的远距离外送以及省际和区域间电网的互联互通，从发展趋势看需要更多考虑采用柔性直流输电和背靠背联网技术。

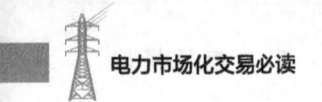

有源化和局域化使配电网成为新型电力系统的基本平衡单元，它包含多个源网荷储一体化或多能互补智慧能源系统、工业绿色微电网、农村新能源供给系统等微平衡单元。绿色能源产业是农村的新兴产业，它将成为与农业、畜牧业和林业并列的第四大产业。农村电网的建设不再是简单的大电网延伸，而是因地制宜的综合智慧能源系统建设。

1.5.4 建设新型电力市场体系

我国完整的电力市场体系需要有四个层级，除国家、区域和省市三个层级电力市场外，还包括配电网微平衡电力市场，这是实现分布式发电就近交易，提高配电网清洁能源消纳比重不可或缺、最底层的一级市场，建设和完善该市场需要深化输配电领域改革，培育和支持各类新兴市场主体独立参与电力交易。

需要探索同一市场主体运营集供电、供热供冷、供气为一体的多能互补、多能联供区域综合能源系统；鼓励增量配电网通过拓展区域内分布式清洁能源、接纳区域外可再生能源等提高清洁能源比重。

需要健全适应新型电力系统的电力市场体系和市场机制，加快电力辅助服务市场建设，深化输配电等重点领域改革，通过市场化方式促进电力绿色低碳发展。完善有利于可再生能源优先利用的电力交易机制，积极推进分布式发电市场化交易，支持微电网、分布式电源、储能和负荷聚合商等新兴市场主体独立参与电力交易，支持同一配电网内的供需双方就近交易。

2 电力市场准入、注册及退出

2.1 市场准入

2.1.1 概述

电力市场分为电力批发市场和电力零售市场,电力批发市场的交易主体包括各类发电企业、电力用户、售电公司、电网企业(含省级电网企业、地方电网企业、拥有配电网运营权的配售电企业)等市场主体,电力零售市场的交易主体为电力用户、售电公司和电网企业等。

电力用户按照注册分类管理要求选择参加批发交易或零售交易。选择直接向发电企业购电(简称批发交易);也可选择参与零售市场交易,向售电公司购电;但两种方式同期只能选择其一。电力用户选择成为批发用户或零售用户,各省的要求不一样(可查询各省电力中长期交易规则)。以湖南为例:35kV及以上电压等级的电力用户可以选择成为批发用户,参加批发交易直接向发电企业购电;10kV及以下电压等级的电力用户不能直接参与批发市场交易,只能选择零售市场交易向售电公司购电或由电网企业通过市场化方式代理购电。

所有直接参与市场交易的电力用户,原则上其符合入市条件的全部电量应进入市场。选择批发市场交易的电力用户(简称批发用户),在电力交易机构完成注册手续(含签订入市承诺书)后视为进入市场;当交易规则发生重大变化时,电力交易机构可以视情况组织已注册市场主体重新签订入市承诺书。选择零售市场交易的电力用户(简称零售用户),与售电公司在电力交易机构完成代理关系确认后视为进入市场直接参与市场交易。进入市场的电力用户原则上不得自行退市或转为电网电企业代理购电,确需退市或转为电网电企业代理购电者应符合各省中长期交易规则有关规定,且按规定办理相关手续并履行完相关义务。符合退市或转为电网电企业代理购电规定的电力用户在办理正常手续后

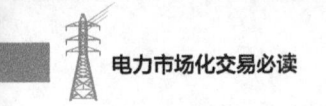

可以退市或转为电网电企业代理购电。无正当理由退市或转为电网电企业代理购电的电力用户，由为其提供输配电服务的电网企业承担保底供电责任，其购电价格执行各省中长期交易规则规定。

批发用户同一时期只能选择批发交易或零售交易一种市场方式参与交易，允许在合同期（最短为6个月）满后，按照准入条件选择参加批发交易或者零售交易。零售用户同一时期只允许选择一家售电公司开展零售交易，允许在合同期（最短为6个月）满后，变更代理关系或按照准入条件选择参加批发交易。但当售电公司违约（含退出市场）无法满足用户需求时，其代理的电力用户可以作如下选择：①经批准由电网企业代理购电或向其他售电公司购电；②属批发用户的可向电力交易机构申请参加月内批发交易；③符合规定的其他形式。

2.1.2 基本准入条件

参加市场交易的市场主体，应当是符合国家相关政策要求，具有法人资格、财务独立核算、信用良好、能够独立承担民事责任的经济实体。内部核算的市场主体（电网企业保留的调峰调频电厂除外）经法人单位授权，可参与相应电力交易。

市场主体资格采取注册制度。应符合国家有关电力市场交易的准入条件，并按程序完成注册后方可参与电力市场交易。

2.2 市 场 注 册

2.2.1 注册基本原则

市场主体参与电力市场交易，应当符合各省电力市场准入条件，在电力交易机构办理市场注册并保证注册提交材料的真实性、完整性。市场主体注册遵循以下原则：

（1）拟参加电力交易的发电企业、售电公司、批发用户等市场主体对照政府有关部门发布的准入条件，按照"一承诺、一注册、一公示、三备案"的流程自愿注册成为合格的市场主体，参与电力市场交易。

（2）除豁免情形外，暂未取得发电业务许可证的新投发电企业可申请办理

市场注册手续。但应在项目完成启动试运后3个月内（风电、光伏发电项目应当在并网后6个月内）取得电力业务许可证，分批投产的发电项目可分批取得。超过规定时限仍未取得电力业务许可证、注册信息与许可证记录信息不符的机组不得继续参与交易，造成合同不能履行的，由发电企业承担相应责任。

（3）对于发电企业或电力用户增项成立的售电公司，在电力交易机构注册时，应按照不同市场主体类型分类注册管理。该类发电企业或电力用户同其自身增项的售电公司在电力交易平台开展业务时，相关流程严格按照一般售电公司业务流程执行，防止不正当竞争。

（4）电力交易机构按照"公平、公正、公开"的原则提供市场注册服务。所有符合准入条件的市场主体按照"自主自愿、自由选择"的原则开展注册工作。

（5）当国家政策调整或交易规则发生重大变化时，电力交易机构可以视情况组织已注册市场主体重新签订入市承诺书、办理注册手续。

2.2.2　注册基本流程

市场主体提前准备注册需提交的材料，办理第三方数字证书（零售用户无需办理第三方数字证书），填写基础信息资料和编写相关说明性材料，相关资料需由本单位法定代表人（或授权委托人）签字并加盖单位公章。

市场主体自行登录本省电力交易平台，根据网站提示线上办理用户注册手续，录入信息并上传附件。零售用户需在电力交易平台提交电网企业营销系统户号及查询密码，获取营销系统的计量点档案信息，完成用电单元信息登记。零售用户可授权售电公司代办。

电力交易机构在收到市场主体提交的注册申请和相关资料后，对注册资料进行形式审查，资料不全和不合规范的，电力交易机构予以驳回注册申请并注明驳回原因，市场主体可补充资料后再次提交注册申请。注册申请形式审查通过后，发电企业、售电公司、批发用户等市场主体须前往电力交易机构递交已签字盖章的入市承诺书及相关资料进行一致性审查。

电力交易机构将审查通过的市场主体相关信息在电力交易平台等网站进行公示，公示通过后，注册生效。具体来说，发电企业、售电公司注册申请通过后，电力交易机构通过电力交易平台等网站，将市场主体注册信息相关材料向社会公示。批发市场电力用户注册申请通过后，电力交易机构通过电力交易平台等网站，将批发市场电力用户的信息相关材料向社会公示。公示期满无异议的，市场主体注册自动生效，电力交易机构为其交易账号配置权限。公示期间存在异议的，注册暂不生效，市场主体可自愿提交补充材料并申请再次公示；经两次公示仍存在异议的，由政府主管部门和监管机构核实处理。电力交易机构定期汇总市场主体注册情况，建立交易市场主体目录，实行动态管理，向政府主管部门和监管机构以及政府引入的第三方征信机构备案，并通过"信用中国"网站和电力交易平台向社会发布。

售电公司的注册信息由电力交易机构在售电公司完成注册工作后推送至电网企业。

2.2.3 注册资料提交

零售用户注册所需材料包括注册申请表、营业执照原件扫描件、法定代表人（或授权委托人）身份证扫描件。

发电企业注册所需材料包括注册申请表、营业执照原件扫描件、法定代表人（或授权委托人）身份证扫描件、发电业务许可证（正本、副本）原件扫描件、经办人授权委托书、交易员授权委托书、政府核准批复文件原件扫描件。

批发用户注册所需材料包括注册申请表、营业执照原件扫描件、法定代表人（或授权委托人）身份证扫描件、供用电合同原件扫描件、经办人授权委托书、交易员授权委托书。

售电公司注册所需材料应执行《国家发展改革委 国家能源局关于印发〈售电公司管理办法〉的通知》（发改体改规〔2021〕1595号）的有关规定。

相关注册材料应提交扫描件，并注明"与原件一致"，由企业法定代表人（或授权委托人）签字并加盖公章；提交的材料如需签署，应使用黑色或蓝黑色钢笔或签字笔签署；未注明签署人的，自然人由本人签字，法人和其他组织由其法定代表人或授权委托人签字，并加盖公章。

其他市场主体准入条件由政府相关文件明确。电力交易机构提供注册服务。

2.2.4 数字证书

2.2.4.1 数字证书办理

按照中发〔2015〕9号文要求,全国统一电力市场支撑平台采用数字证书作为外网用户登录凭证。客户如登录使用系统,需提前办理数字证书。数字证书办理流程如下:

(1)市场主体向指定电力交易资料收集审核代理公司提交数字证书申请材料。

(2)指定电力交易资料收集审核代理公司收到材料后进行资质审核;如审核未通过,联系客户在申请表中的联系人进行修改,直至审核通过并重新提交申请材料。

(3)市场主体办理数字证书前需提前交费。

(4)市场主体缴费后,指定电力交易资料收集审核代理公司开始制作数字证书(1~3个工作日)。

(5)办理完成后,指定电力交易资料收集审核代理公司会将数字证书和发票单据一起寄回至申请表中所填的通信地址。

2.2.4.2 数字证书绑定

市场主体收到数字证书后,向电力交易机构申请绑定该数字证书,数字证书绑定申请表可在各电力交易机构网站下载,按要求填好申请表中相关信息,发送至电力交易机构公务邮箱,由电力交易机构负责将数字证书与交易平台中注册的市场主体绑定。

2.3 市 场 退 出

2.3.1 强制退市情况

在电力交易机构注册的售电公司、发电企业等市场主体有下列情形之一的,应强制退出市场并注销注册,强制退出的市场主体应按合同约定承担相应违约责任,电力交易机构可提出处罚建议报政府电力主管部门和能源监管机构批准后执行。

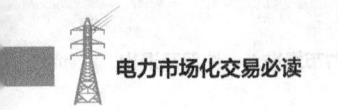

具体情形有：①不符合国家相关政策要求的；②严重违反市场交易规则、发生重大违约行为、恶意扰乱市场秩序，且拒不整改的；③未按规定履行信息披露义务、拒绝接受监督检查、隐瞒有关情况或者以提供虚假申请材料等方式违法违规进入市场，且拒不整改的；④依法被撤销、解散，依法宣告破产、歇业的；⑤因自身原因不能持续保持准入条件、企业违反信用承诺且拒不整改或信用评价降低为不适合继续参与市场交易的；⑥法律、法规规定的其他情形。

2.3.2 正常退市条件

已经选择参与市场交易的发电企业、电力用户等市场主体，原则上不得自行退出市场。有下列情形之一的，可办理正常退市手续，在办理正常退市手续后，执行国家有关发用电政策。

具体情形有：①市场主体宣告破产，不再发电、用电或者经营；②因国家政策、电力市场规则发生重大调整，导致原有市场主体非自身原因无法继续参加市场的情况；③因电网网架调整，导致发电企业、电力用户的发用电物理属性无法满足所在地区的市场准入条件；④电力用户用电类别变更，不再满足市场准入条件。

发电企业、电力用户等市场主体存在上述情形的可申请退出市场，并提前30个工作日向电力交易机构提交退出申请，申请内容包括：①市场退出原因；②与其他市场主体之间的交易及结算情况；③与其他市场主体之间尚未履行完毕的交易协议的处理情况。

当该市场主体的退出将影响电网安全稳定运行，影响关联用户正常供电等；或者该市场主体有应当履行而未履行的责任和义务，拒绝该市场主体的退出。

售电公司退出按照《国家发展改革委 国家能源局关于印发〈售电公司管理办法〉的通知》（发改体改规〔2021〕1595号）规定执行。

2.3.3 退市后程序

零售用户因自身原因无法履约的，按合同约定承担相应违约责任；非自身原因无法履约的，应提前至少30天以书面形式告知电网企业、相关售电公司、

电力交易机构以及其他相关方，将所有已签订的购售电合同妥善处理完毕，并处理好其他相关事宜。

无正当理由退市的发电企业、售电公司等市场主体，原则上原法人以及其法人代表3年内不得再选择电力市场化交易，由电力交易机构进行注销，并向社会公示。

已直接参与市场交易（不含已在电力交易平台注册但未曾参与电力市场交易，仍由电网企业代理购电的用户）在无正当理由情况下改由电网企业代理购电的、拥有燃煤发电自备电厂且由电网企业代理购电的、暂不能直接参与市场交易的高耗能用户由电网企业代理购电的用户，其用电价格执行各省电力交易中长期交易规则规定。

市场主体退出后，必须执行下列规定：

（1）该市场主体必须按规定，停止其在市场中的所有交易活动。

（2）市场主体在办理退出手续前，必须结清与所有相关市场主体的账目及款项。

（3）注册资格退出前，该市场主体应将所有已签订的交易合同履行完毕或转让，并按合同约定承担相应违约责任，妥善处理相关事宜。

（4）市场主体退出后，该市场主体在其资格停止前与另一市场主体存在的争议按照此前合同约定解决。

2.4 电力用户市场关系管理

2.4.1 概述

工商业用户全部参与电力市场交易，其中10kV及以上的用户原则上要直接参与市场交易（直接向发电企业购电成为批发用户或向售电公司购电成为零售用户），暂无法直接参与市场交易的可由电网企业代理购电。国家和本省如有新规定，按新规定执行。

由电网企业代理购电的工商业用户可在每季度最后15日前选择下一季度起直接参与市场交易，电网企业代理购电相应终止。具体业务办理时限按各省规定执行，如湖南要求由电网企业代理购电的工商业用户可在每月5日前选择下

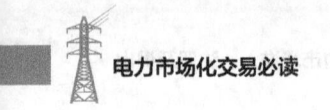

月起直接参与市场交易，电网企业代理购电相应终止。

零售用户在一个结算周期内只能选择与一家售电公司绑定购售电关系，任何单位和个人不得干涉零售市场的正常运作，但各市场主体行为须接受监管。

电网企业承担供电营业区内电力普遍服务义务，无歧视地向售电公司及零售用户提供报装、计量、抄表、核算、收费等各类供电服务。售电公司为零售用户提供购售电及增值服务，可代理用户办理变更购售电关系、业扩报装、变更用电等相关业务。电网企业代理用户参与市场交易采用默认方式，如用户未与售电公司建立购售电关系，则默认由电网企业代理购电，根据实际情况双方签订《购售电合同》。

零售市场交易采用双边协商方式，零售用户与售电公司自主选择交易对象，平等协商建立购售电关系，根据实际情况签订《电力零售市场购售电意向协议》和《双边协商零售交易合同》（购售电合同）；签订的《双边协商零售交易合同》（购售电合同）与《电力零售市场购售电意向协议》代理期限应一致。

电网企业代理用户参与市场交易，由电网企业在电力交易平台上填报市场交易价。

售电公司、零售用户在电力交易机构办理购售电关系签约登记手续后，按规定与电网企业签订三方电费结算补充协议，明确各方的权利和义务等。由售电公司在电力交易平台上填报市场交易价差，后期允许调整。

2.4.2 购售电关系管理

购售电关系管理包括零售用户与售电公司的购售电关系的建立、变更、解除。其中：

（1）建立购售电关系是指电力用户由电网企业代理购电用户或直接交易用户选择一家售电公司签订购售电意向协议，转为零售用户；

（2）变更购售电关系是指零售用户重新选择售电公司，签订购售电意向协议，建立新的购售电关系；

（3）解除购售电关系是指零售用户转为电网企业代理购电用户或直接交易用户。

零售用户与售电公司建立购售电关系时应同时满足：

（1）申请用户符合电力零售市场准入条件；

（2）申请用户无用电类别变更类在途流程；

（3）申请用户与其他用户不存在转供用电关系；

（4）申请用户已与售电公司签订购售电合同；

（5）售电公司已在电力交易机构完成市场注册；

（6）直接交易用户在电力交易机构完成直接交易注销后，可提出申请转为零售用户。

零售用户与售电公司变更购售电关系时应同时满足：

（1）申请用户无用电类别变更类在途流程；

（2）申请用户拟转至的售电公司已在电力交易机构注册；

（3）申请用户应提供与原售电公司解除购售电合同的证明材料；

（4）申请用户已与新售电公司签订购售电合同。

零售用户与售电公司解除购售电关系时应同时满足：

（1）申请用户无用电类别变更类在途流程；

（2）申请用户应提供与原售电公司解除购售电合同的证明材料。

零售用户在电网营销申请销户时，需完成当期市场化电量电费结算，经对应的售电公司确认，按销户业务办理，电网营销需在销户业务办结当天将销户信息同步至电力交易机构。

当售电公司无法继续提供售电服务，或按国家规定的程序强制退出市场时，售电公司可以将原已签订的购售电合同转让给其他售电公司或者按照合同约定的条款终止合同，并与其代理用户解除购售电关系，完成电量及费用清算。此类零售用户在解除代理关系后可暂时转为电网企业代理购电或保底售电公司代理购电，按各省要求执行。

《电费结算补充协议》（又称三方协议）有效期届满自然终止，三方可以重签、续签或变更协议，但三方协议的重签、续签或变更原则上应在 2 个月内完成，期间按用户参与市场交易的代理关系执行相应的电价政策。因国家政策调整原因而退市的电力用户，经省政府电力主管部门、能源监管办同意，可转为电网企业代理购电或售电公司保底代理购电。零售用户与售电公司购售电关系

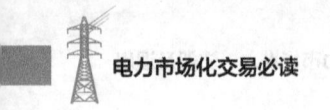

建立、变更或解除按照结算周期完成电费清算，自电费核清之日起生效。

2.4.3 零售购售电关系建立流程

已注册的零售用户与售电公司自主协商签订《电力零售市场购售电意向协议》，并准备购售电关系签约登记资料。

售电公司登录电力交易平台，搜索已签约的零售用户并确认，上传《电力零售市场购售电意向协议》原件的扫描件，发起建立绑定关系流程，零售用户在平台中确认绑定关系后，提交电力交易机构审批。

电力交易机构在收到绑定申请完成审批并确认，零售用户与售电公司的零售购售电关系生效。电力交易机构可视情况通知售电公司提交《电力零售市场购售电意向协议》的原件进行一致性审查。电力交易机构将已生效的登记结果推送电网企业营销部门。

电网企业营销部门收到登记结果后，发起电网企业、零售用户和售电公司三方《电费结算补充协议》签订流程，零售用户和售电公司分别完成协议签订，在电网企业营销部门建立市场化零售用户和售电公司的购售电关系。协议生效时间需与电力交易机构传递的零售关系信息保持一致。

电网企业营销部门归档三方《电费结算补充协议》，完成零售用户、售电公司的购售电关系绑定。并将完成归档结果告知电力交易机构。

2.4.4 零售购售电关系变更流程

零售用户《电力零售市场购售电意向协议》、三方《市场化零售业务协议》到期，或与原签约售电公司协商解除尚未到期的购售电关系后，可以重新选择售电公司并签订《双边协商零售交易合同》（购售电合同）及《电力零售市场购售电意向协议》。

售电公司登录电力交易平台，选择零售用户及其用电单元，上传《电力零售市场购售电意向协议》原件的扫描件，发起建立绑定关系流程，零售用户在平台中确认绑定关系后，提交电力交易机构审批，电力交易机构在收到绑定申请后完成审批并确认，零售用户与售电公司的零售购售电关系生效。电力交易机构将已生效的登记结果推送电网企业营销部门。

电网企业营销部门收到登记结果后，发起电网企业、零售用户和售电公司三方《电费结算补充协议》签订流程，零售用户和售电公司分别完成协议签订，在电网企业营销部门建立市场化零售用户和售电公司的购售电关系。协议生效时间需与电力交易机构传递的零售关系信息保持一致。

电网企业营销部门归档三方《电费结算补充协议》，完成零售用户、售电公司的购售电关系绑定。并将完成归档的信息告知电力交易机构。

2.4.5 零售购售电关系解除流程

零售用户的《电力零售市场购售电意向协议》、三方的《市场化零售业务协议》到期，或与原签约售电公司协商解除尚未到期的购售电关系后，可转为电网企业代理购电用户或直接交易用户。

零售用户的《电力零售市场购售电意向协议》未到期，且《电力零售市场购售电意向协议》已生效 6 个月以上的，可同原售电公司协商签订《电力零售市场购售电意向解除协议》，并在交易平台发起解绑流程，提交电力交易机构及电网企业营销部审批，申请解除尚未到期的购售电关系。

对于零售用户转为直接交易用户的，参照 2.2.3 节的要求到电力交易机构办理直接交易用户注册，并提交零售用户与原售电公司解除购售电关系的证明材料；电力交易机构办理注册程序后，将办理结果通知电网企业的营销部门。

2.4.6 零售合同管理

零售用户与售电公司可根据实际情况签订双边协商零售交易合同（购售电合同）。零售用户、售电公司与电网企业签订的三方《市场化零售业务协议》，是零售用户原《供用电合同》的补充文件。零售用户变更购售电关系后，电网企业与新的售电公司、零售用户应重新签订《市场化零售业务协议》。零售用户与售电公司解除购售电关系，电网企业与其签署《市场化零售业务协议》同时终止。售电公司发生公司名称、统一社会信用代码等变动时，电网企业应与售电公司、零售用户重新签订《市场化零售业务协议》。零售用户办理销户后，原《市场化零售业务协议》自动终止。

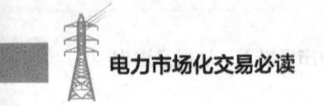

2.4.7 新装、增容与变更用电

电力用户新装、增容与变更用电业务包括高压新装、高压增容、减容、减容恢复、暂停、暂停恢复、改压、改类、暂换、暂换恢复、迁址、移表、暂拆、复装、更名、过户、分户、并户、销户、市场交易价格变更等。

电力用户新装业务按照电网企业现行业扩报装规定及业务流程办理。业务办结归档后，原则上其符合入市条件的全部电量应进入市场。

电力用户在电网企业营销部门申请办理增容与变更用电业务时，应提供售电公司书面确认材料告知售电公司，并遵循《市场化零售业务协议》和《供用电合同》的约定。

电力用户增容、变更用电业务不能与变更购售电关系业务同时办理。

在计量装置更换、设备封停（启封）、计量装置特抄时，应按《供用电合同》和《市场化零售业务协议》约定，由售电公司、零售用户对抄表示数进行确认。

电力用户办理过户业务时，根据合同相关条款应履行告知义务，提前通知售电公司终止该用电户号协议。新户满足政府规定的市场准入条件的，重新在电力交易机构注册、公示，注册生效后申请建立新的零售购售电关系。

电力用户之间可办理并户业务。被并户根据合同相关条款应履行告知义务，提前通知售电公司终止该用电户号协议，并在电力交易机构解除双方关于该用电户号的购售电关系。

电力用户办理分户时，分出的新户可自愿选择成为零售用户、直接交易用户或电网企业代理购电用户，选择成为零售用户、直接交易用户的应满足市场准入条件。

电力用户办理销户业务时，需提供相关书面证明材料。

电力用户办理新装、增容、变更用电的其他业务，按照《供电营业规则》及电网企业现行规章制度执行。

3 电力中长期交易

3.1 中长期交易的定义、作用与组成

3.1.1 定义

电力中长期交易是指符合准入条件的发电企业、电力用户、售电公司和独立的服务提供商等市场交易主体，通过双边协商、集中竞价、挂牌交易等市场化方式，开展的多年、年、季、月、周、多日等日以上的电力、电量交易。电力中长期交易一般指当日前两天及以上时间组织的交易。

执行政府定价的优先发电电量和分配给燃煤（气）机组的基数电量（二者统称为计划电量）视为厂网双边交易电量，签订厂网间购售电合同，相应合同纳入电力中长期交易合同管理范畴。

3.1.2 作用

电力中长期交易允许电力用户直接从发电企业买电，发用电双方约定电量、电价，电网公司只收取电能输配环节国家核定的固定服务费用，改变了电力用户只能从电网公司按照国家核定的价格购买电能、发电企业只能按照国家核定的价格卖电给电网公司的统购统销模式。就用户而言，电力中长期交易改变的是电力用户购电的途径和方式，改变的是电价的形成机制，但是并没有改变用户的供电方式。

2020年10月，国家发展改革委印发《关于进一步深化燃煤发电上网电价市场化改革的通知》（发改价格〔2021〕1439号），有序放开全部燃煤发电电量上网电价，扩大市场交易电价上下浮动范围，推动工商业用户都进入市场，取消工商业目录销售电价，保持居民、农业、公益性事业用电价格稳定，充分发挥市场在资源配置中的决定性作用，更好地发挥政府作用，保障电力安全稳定供

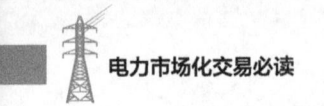

应，促进产业结构优化升级，推动构建新型电力系统，助力"碳达峰、碳中和"战略目标实现。

3.1.3 市场成员及权力义务

中长期电力市场成员分为市场主体和市场运营机构两类。市场主体包括各类发电企业、电力用户、售电公司（配售电企业）、电网企业和储能企业等。市场运营机构包括电力交易机构和电力调度控制中心。

1. 发电企业的权利和义务

（1）按照规则参与电力市场交易，签订和履行各类交易合同，按时完成电费结算。

（2）获得公平的输电服务和电网接入服务。

（3）签订并执行并网调度协议，服从电力调度机构的统一调度。

（4）按照电力企业披露和报送等有关规定披露和提供信息，获得市场交易和输配电服务等相关信息。

（5）具备满足参加市场化交易要求的技术支持手段。

（6）法律法规所赋予的其他权利和义务。

2. 电力用户的权利和义务

（1）按照规则参与电力市场交易，签订和履行购售电合同、输配电服务合同和供用电合同，提供中长期交易电力电量需求、典型负荷曲线及其他生产信息。

（2）获得公平的输配电服务和电网接入服务，按时支付市场交易电量电费、输配电费、政府性基金与附加等。

（3）依法依规披露和提供信息，获得市场交易和输配电服务等相关信息。

（4）服从电力调度机构的统一调度，在系统特殊运行状况下（如事故、严重供不应求等）按电力调度机构的要求安排用电。

（5）遵守电力需求侧管理有关规定，执行有序用电管理要求，配合开展错峰避峰。

（6）依法依规履行清洁能源消纳责任。

（7）具备满足参加市场化交易要求的技术支持手段。

（8）法律法规规定的其他权利和义务。

3. 售电公司的权利和义务

（1）按照规则参与电力市场化交易，签订和履行市场化交易合同，按照有关规定提供履约担保，按时完成电费结算。

（2）依法依规披露和提供信息，在政府指定网站上公示公司资产、经营状况等情况和信用承诺，依法对公司重大事项进行公告，并定期公布公司年报。

（3）按照规则向电力交易机构、电力调度机构提供签约零售用户的交易电力电量需求、典型负荷曲线以及其他生产信息，获得市场化交易、输配电服务和签约市场主体的基础信息等相关信息，承担用户信息保密义务。

（4）依法依规履行清洁能源消纳责任。

（5）具备满足参与市场化交易要求的技术支持手段。

（6）拥有配电网运营权的售电公司承担配电区域内电费收取和结算业务，提供供电服务，并与所辖电力用户签订供用电合同；向电力交易机构提供其配电区域内支撑市场化交易和市场服务所需的相关数据，按照国家网络安全有关规定实现与电力交易机构的数据交互。

（7）遵守电力需求侧管理有关规定，配合执行有序用电管理要求，配合开展错峰避峰。

（8）法律法规规定的其他权利和义务。

4. 电网企业的权利和义务

（1）保障电网及输配电设施的安全稳定运行。

（2）负责为市场主体提供公平的输配电服务和电网接入服务，提供报装、计量、抄表、收费等各类供电服务。

（3）负责建设、运行、维护、管理电网配套技术支持系统，服从电力调度机构的统一调度。

（4）按照电力企业信息披露和报送等有关规定披露和提供信息，向电力交易机构提供支撑市场化交易和市场服务所需的相关数据，按照国家网络安全有关规定实现与电力交易机构的数据交互。

（5）收取输配电费，代收代缴电费和政府性基金与附加等，并按规定及时完成电费结算。

（6）按照政府定价或者政府有关规定向优先购电用户以及其他不参与市

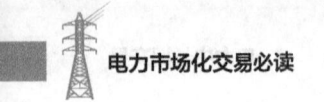

交易的电力用户（以下简称非市场用户）提供供电服务，签订和履行供用电合同、购售电合同等。

（7）预测并确定非市场用户的电力、电量需求。

（8）依法依规履行清洁能源消纳责任。

（9）法律法规所赋予的其他权利和义务。

5. 电力交易机构的权利和义务

（1）参与拟定电力中长期交易规则；按照交易规则，拟定电力中长期交易实施细则。

（2）负责各类市场主体的注册管理，提供注册服务。

（3）按照规则组织电力市场交易，编制交易计划，并负责各类交易合同的汇总管理。

（4）提供电力交易结算依据以及相关服务，按照规定收取交易服务费。

（5）建设、运营和维护电力市场交易技术支持系统（以下简称电力交易平台），按规定向发电企业、大用户和售电公司开放相关数据交互接口。

（6）按照电力企业信息披露和报送等有关规定披露和发布信息，提供信息发布平台，为市场主体信息发布提供便利，获得市场成员提供的支撑市场化交易以及服务需求的数据等。

（7）配合能源监管办、省发展改革委、省能源局，对市场规则进行分析评估，提出修改建议。

（8）监测和分析市场运行情况，做好市场运营分析评价相关工作，按有关程序依法依规干预市场，防控市场风险，并于事后及时向省能源监管部门、省发展改革委、省能源局报告。

（9）配合能源监管办，对市场主体和相关从业人员违反交易规则、扰乱交易秩序等违规行为进行报告和配合调查。

（10）配合政府有关部门，建立市场主体信用评价管理制度，开展电力市场主体信用评价工作。

（11）法律法规所赋予的其他权利和义务。

6. 电力调度机构的权利和义务

（1）负责调度管辖范围内的安全校核。

（2）按调度规程实施电力调度，负责系统实时平衡，保障电网安全稳定运行。

（3）向电力交易机构提供安全约束条件和必开机组组合、必开机组发电量需求、影响限额的停电检修、关键通道可用输电容量等有关数据，配合电力交易机构履行市场运营职能。

（4）合理安排电网运行方式，保障电力交易结果的执行（因电力调度机构自身原因造成实际执行与交易结果偏差时，由电力调度机构所在电网企业承担相应的经济责任），保障电力市场正常运行。

（5）按照电力企业信息披露和报送等有关规定披露和提供电网运行的相关信息，提供支撑市场化交易以及市场服务所需的相关数据，按照国家网络安全有关规定实现与电力交易机构的数据交互。

（6）法律法规所赋予的其他权利和义务。

3.2 交易的分类

3.2.1 按交易方式分

电力中长期交易组织方式主要有双边协商交易和集中交易，其中集中交易包括集中竞价交易、滚动撮合交易和挂牌交易三种形式。

双边协商交易是指市场主体之间自主协商交易电力电量、电价，形成双边协商交易初步意向后，在规定的交易时间内提交电力交易平台，经安全校核和相关方确认后形成的交易。双边协商交易适用于各类交易品种，零售市场交易一般采用双边协商交易。

集中竞价交易指在交易申报截止时间内，市场主体通过电力交易平台申报电量、电价，电力交易平台按照市场规则进行统一的市场出清，出清计算以"价差优先、时间优先、环保优先"为原则，经安全校核后，确定最终的成交对象、电量和价格等的交易。

滚动撮合交易是指在规定的交易起止时间内，市场主体可以随时提交购电或者售电信息，电力交易平台按照价格优先、时间优先的原则进行滚动撮合成交的交易。

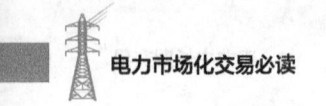

挂牌交易指市场主体通过电力交易平台,将需求电力电量或者可供电力电量的数量和价格等信息对外发布要约,由符合资格要求的另一方提出接受该要约的申请。挂牌交易分为定价挂牌交易和竞价挂牌交易。定价挂牌交易,摘牌方不申报电价,仅申报电力电量;竞价挂牌交易,需同时申报电力电量、电价。

3.2.2 按交易周期分

电力中长期交易周期主要包括年度、月度和月内,也可根据实际需要和基本条件按照年度以上、多月开展交易。其中,年度交易包含多年或 6 个月及以上的交易,月度交易包含 6 个月以下的多月交易,月内交易包含日前两天及以上的多日交易。年度、月度、月内均按照分时段电量交易(带电力负荷曲线)进行组织。

以湖南地区为例,根据市场发展需要及保障用电紧张月份电力可靠供应,组织开展高耗能企业迎峰度夏市场交易(以下简称高耗能交易),在有电力缺口时,引导高耗能企业通过市场方式错峰用电,为保障湖南电网电力供需平衡提供重要支撑。

高耗能交易与一般月度市场交易相比主要有三点区别:一是参与主体不同,高耗能交易是特定企业对象参加,一般月度市场交易是工商业用户均可参与。二是组织方式不同,高耗能交易按日按小时组织交易,其他交易按月按时段组织。三是合同违约考核不同,有电力缺口时,高耗能企业若超合同用电,偏差考核价格较高,而一般月度市场交易按规则执行偏差考核,考核价格较低。

高耗能企业交易采用"月前+周内"模式。企业首先参加月前交易,确定次月基础负荷电量,该交易采用双边协商交易方式,由售电公司代理高耗能企业与发电企业自行协商交易电量和价格,在交易平台进行申报。然后参加周内交易,采用竞价挂牌交易方式,每周组织两次(周一组织形成周三至周五的交易合同,周四组织形成周六至下周二的交易合同),交易平台会根据每日有无缺口情况挂出可交易的 24h 电力,售电公司代理高耗能企业进行竞价摘牌,依据价格由高到低、时间由先到后的顺序形成交易结果,得到每天 24 点的可用电量。高耗能企业交易有利推动了中长期市场连续运营。

3.2.3 按交易对象分

按交易对象进行划分，电力中长期交易市场分为电力批发市场和电力零售市场。

电力批发交易是指售电公司、电力用户以及代理购电电网企业通过市场化方式直接向发电企业购电。其中，35kV及以上的电力用户方可参与电力批发交易。

电力零售交易是指电力用户（以下简称零售用户）通过市场化方式直接向售电公司购电。

电网企业代理购电是指未直接参与市场交易（直接向发电企业或售电公司购电）的电力用户由电网企业通过市场化方式代理购电的电力交易活动的总称。

3.2.4 按交易标的物分

按交易标的物划分，现阶段电力中长期交易品种主要包括电能量交易、合同转让交易、应急交易、绿电交易等。根据市场发展需要可开展可再生能源超额消纳量、输电权、容量等交易。

电能量交易是指发电企业与电力用户（售电公司、代理购电电网企业）经双边协商、集中竞价、挂牌等方式达成的电力电量、电价的购售电交易。

合同转让交易是指已注册的发电企业、电力用户和售电公司将其持有全部或部分交易合同电量，通过市场化方式转让给其他市场主体的交易。发电企业之间、电力用户（售电公司、代理购电电网企业）之间可以通过合同电量转让减小月度合同偏差，实现互保。合同转让的交易标的为当月全部市场合同电量，但个别省份也有所不同。合同转让交易必须通过电力调度机构的安全校核。已有电量在全月平均负荷率高达80%或安全运行限额（由电力调度机构按规程计算确定）的电厂，原则上不得受让；负荷中心火电企业的电量原则上不得转让。合同转让交易主要采用双边协商和挂牌交易两种方式，出让方与受让方按照前述交易规则参加年度、月度的双边与挂牌交易。挂牌交易通过湖南电力市场交易平台集中开展；双边协商由出让方、受让方线下商定，通过电力交易平台申报。

应急交易是指省内清洁能源电厂发电空间不足，采取的应急外送交易或是外省电力供需不平衡，采取的应急支援交易。参与清洁能源应急交易的发电企业为风电、光伏企业，参与应急支援外省交易一般由电网公司代理本省火电发电企业参与外送。其中，应急低价外送交易是风电、光伏在省内发电空间不足，发生或即将发生弃风、弃光，为减少弃风、弃光，在有限的时间内通过市场机制向省外市场售出电量的短期减弃增发应急交易，提高省内可再生能源消纳能力的交易，一般交易价格较低。应急高价支援外省交易是本省电力存在富余，外省电力供应紧张，临时支援外省的交易，一般交易价格较高。

绿电交易是指以绿色电力产品为标的物，用以满足发电企业、电力用户（售电公司）等市场主体出售、购买、消费绿色电力需求，并提供相应的绿色电力消费认证。发电企业参与绿电交易不影响其参与其他电力交易。

3.2.5　省间交易

3.2.1～3.2.3 节介绍的交易分类同时适用于跨区跨省和省内电力中长期交易。跨区、跨省购电应坚持能源资源优化利用，充分考虑省内发电产能规模，有利于省内可再生能源的科学发展和充分利用。

跨区跨省电力中长期交易在优先安排跨区跨省国家指令性计划电量、政府间协议电量的前提下，鼓励具有批发交易资格的发电企业、电力用户、售电公司利用跨区跨省剩余输电容量直接参与跨区跨省交易，发电企业和电力用户也可委托售电公司或电网企业代理参与跨区跨省交易。电网企业可代理未进入市场的居民、农业用户和保留在电网内部的发电企业参与跨区跨省交易。电网企业、售电公司可以代理小水电、风电等参与跨区跨省售电交易。

电网企业负责跨区跨省购入国家指令性计划电量和政府间协议电量，按照先增量、后存量的原则，分类放开跨区跨省优先发电计划，推动将国家送电计划、政府间送电协议转化为政府授权的中长期合同。

省内可再生能源发电受限、弃风弃水时，应通过市场交易、跨区跨省调剂等方式，减少或停止跨区跨省购电交易，开展并加大跨区跨省送出的售电交易。

3.3 交易流程

3.3.1 准备与公告

按照职责分工，市场运营机构开展电力电量平衡分析、电网输送能力分析、检修计划编制，根据批发市场电力用户、售电公司用电需求、电网企业保障居民农业优先用电和代理购电申报需求，编制交易组织方案、市场交易公告。原则上，按照跨区跨省送受电中的国家指令性计划、政府间协议非燃煤火电电量、非市场化电源、统调水电、非水可再生能源、政府间协议燃煤火电电量、火电的顺序安排保障居民农业用电的优先发电，统调水电、非水可再生能源等发电企业剩余可交易电量，分别按照预测发电能力等比例安排。

以湖南省为例，发布公告需经省发改委、湖南能源监管办、省能源局批准后，电力交易机构通过电力交易平台发布交易公告，包括交易标的（含电力、电量和交易执行时间）、交易组织程序（含申报起止时间）、交易出清方式、价格形成机制、参与交易市场主体名单、电力供需形势预测、保障居民农业优先用电需求、电网企业代理购电需求、优先发电计划、市场化发电企业可交易电量、跨区跨省送入可交易电量、电网运行与输送能力等信息。

定期开市和连续开市的交易，交易公告应当提前至少 1 个工作日发布；不定期开市的交易，应当提前至少 5 个工作日发布。

3.3.2 交易申报

市场主体通过电力交易平台申报各类交易意向、需求，按要求分月分时段申报电量（电力）、价格（价差）。市场主体对所申报的数据负责，以申报截止前最后一次的有效申报作为最终申报。所有的时间记录以电力交易平台时间为准。

市场主体可以申报价格和价差。如果申报的价差，电价上浮为正，电价下浮为负。申报的电量单位为兆瓦时，不保留小数；申报的电力单位为兆瓦，不保留小数；申报的价格单位为元/兆瓦时，保留两位小数。

其中，双边协商交易由售电方按照规定格式录入交易电量（电力）、电价等

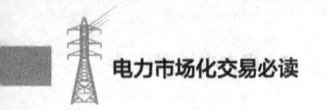

交易意向信息，然后由相关购电方确认售电方录入的相关信息。

集中竞价要求买卖双方按照交易公告中明确的交易价格区间和电量限额进行申报，在规定时间内通过电力交易平台申报当次交易周期期望购买或售出的电量（电力）、价格（价差）。买方、卖方每次申报的电量（电力）及其价格（价差）不超过各自独立的3组。

挂牌交易分为挂牌和摘牌方申报，挂牌方在规定时间内向电力交易机构提交挂牌交易申请，包括挂牌电量、挂牌电价、执行时间、电力曲线等信息。电力交易机构在规定时间内（例如2个工作日内）完成申请信息审核，在电力交易平台发布交易公告；未通过审核的，退回市场主体，并说明原因；摘牌方在挂牌交易公告发布后进行电量摘牌，摘牌电量必须小于或等于挂牌电量，如符合价格限制区间的摘牌申报总电量超过挂牌电量，满足挂牌电量的最后一个成功申报者获得最后剩余部分。

合同转让申报时，出让方和受让方在交易公告规定的时间内，出让方在电力交易平台填报拟转让的合同编号、电量，受让方确认，也可由受让方填报，出让方确认。根据《电力中长期交易基本规则》（发改能源规〔2020〕889号）的规定，允许发用双方在协商一致的前提下，可在合同执行一周前进行动态调整，以湖南电力市场为例，考虑到次月发电计划的安排时间，月前合同转让截止时间为每月23日（节假日顺延），月内合同转让截止时间为每个月26日（节假日顺延）。

电网企业代理购电参与集中交易（不含撮合交易）时，以报量不报价方式，作为价格接受者参与市场出清。其中，采取挂牌交易方式的，挂牌价格按当月月度集中竞价交易加权平均价格确定，挂牌成交电量不足部分由市场化机组按剩余交易电量限额等比例承担，执行挂牌价格。

具备条件的地方电网企业、拥有配网经营权的配售电企业代理购电时，根据其与省级电网企业计量关口购电需求，按照省价格主管部门核定或双方协商确定的计量关口分类电量比例，通过电力交易平台申报交易意向。

3.3.3 交易出清价格计算

电力交易机构对双边协商交易意向进行汇总，确定各交易主体的交易电量

（电力）、电价；对集中交易，电力交易机构基于电力调度机构提供的安全约束条件，按照规则出清计算。不同交易方式的出清计算方法不同。

双边协商交易通过电力交易机构汇总双边协商交易意向，确定各交易主体的交易电量（电力）、电价，形成出清计算结果。

集中竞价交易是电力交易机构基于电力调度机构提供的安全约束条件，按照价格出清机制进行出清计算，价格出清机制包括统一出清和高低匹配出清两种。两种机制均以"价差优先、时间优先、环保优先"为原则，依次按顺序对购方申报队列和售方申报队列中的电量进行匹配。其中，统一出清算法根据最后一个匹配对形成的匹配价格确定市场统一出清价差，所有成交电量均按这个价格出清，匹配电量为购方申报电量与售方申报电量的较小值。高低匹配出清算法采用不同的匹配价格对应的匹配电量出清。

$$匹配电量 = \min(购方申报电量，售方申报电量)$$

$$匹配价格 = 售方申报价格 + (购方申报价格 - 售方申报价格) \times 0.5$$

挂牌交易在申报截止后，电力交易机构按照规则根据不同的挂牌方式（定价挂牌、竞价挂牌）进行出清计算。对于定价方式挂牌交易，电力交易平台发布用电需求电量（或发电可供电量、辅助服务）、价差等信息，符合资格要求的另一方市场主体通过竞争获得电量（或其他辅助服务），交易价差固定为发布的价差。因此，市场主体参与定价方式挂牌交易时不需要申报电价（价差），仅需要申报电量。对于竞价方式挂牌交易（也称单边集中竞价交易），电力交易平台发布用电需求电量（或发电可供电量、辅助服务）、价差上限或下限等信息，符合资格要求的另一方市场主体申报电量和电价（价差），通过竞争获得电量（或其他辅助服务）。无论是定价方式挂牌交易还是竞价挂牌交易，挂牌电量、挂牌电价或限价、出清方式由安排挂牌交易的政府部门或提出挂牌交易申请的市场主体确定，电力交易机构在市场交易公告中发布相关内容。

3.3.4 安全校核

电力交易机构将交易出清预成交结果提交电力调度机构。电力调度机构应在规定期限内完成安全校核，形成交易结果，返回电力交易机构。年度交易的安全校核时间原则上在 5 个工作日内，月度交易的安全校核时间原则上在 2 个工作日内。

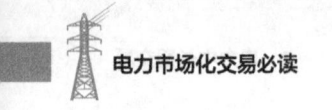

电力调度机构负责各种交易的安全校核工作，各类交易必须经电力调度机构安全校核，以确保电力系统安全稳定运行。涉及跨区跨省的交易，须提交相关电力调度机构共同进行安全校核（省级调度机构可受托进行安全校核）。

安全校核的主要内容包括但不限于：通道输电能力限制、机组发电能力限制、机组辅助服务限制等内容。电力调度机构应及时向电力交易机构提供或者更新各断面（设备）、各路径可用输电容量，以及交易在不同断面、路径上的分布系数，并通过电力交易平台发布必开机组组合、发电量需求、影响断面（设备）限额变化的停电检修等信息。

为保障系统整体的备用和调频调峰能力，在各类市场交易开始前，电力调度机构可根据机组可调出力、检修天数、系统负荷曲线以及电网约束情况，折算得到各机组的电量上限及下限，对参与市场交易的机组发电利用小时数提出限制建议，并及时提供关键通道可用输电容量、关键设备检修计划等电网运行相关信息，由电力交易机构予以公布。

电力交易机构以各断面、各路径可用输电容量等为约束，对集中交易进行出清，并与同期组织的双边交易一并提交电力调度机构进行安全校核。

安全校核未通过时，由电力交易机构进行交易削减。对于双边协商交易，可按照时间优先、等比例原则进行削减；对于集中交易，可按照价格优先的原则进行削减，价格相同时按提交时间优先的原则进行削减，提交时间相同时按发电侧节能低碳电力调度的优先级进行消减。

安全校核未通过时，电力调度机构需出具书面解释，由电力交易机构予以公布。

3.3.5 签订合同

在规定时间内，电力交易机构通过电力交易平台发布交易结果，电力交易平台自动生成电子化合同，并报能源监管办备案。市场主体的交易代码、交易时间、交易密码及CFCA（China Financial Certification Authority，中国金融认证中心）数字证书被视为该市场主体的电子签名，市场主体登录电力交易平台，输入交易指令并确认交易即视为该市场主体签署电子交易合同，电子合同的法律效力等同于书面合同。

但是不同交易方式在交易平台中的确认方式不同，比如双边协商交易在结果发布后，由电力交易平台自动生成电子合同，相关市场主体应当在成交信息发布后的3个工作日内，通过电力交易平台确认电子合同。集中竞价交易结果发布后，由电力交易平台自动生成电子合同，无须相关市场主体确认。厂网间年度购售电合同原则上应在上年年底前签订；未完成签订的，电力交易机构按照省发展改革委下达的计划执行。

市场主体使用电子钥匙登录电力交易平台，在合同模块中可以对本市场主体已签订的电子合同进行浏览和查询。

3.4 交易价格

参与电力市场化交易的工商业用户用电价格包括市场交易上网电价、输配电价、辅助服务费用和政府性基金及附加。市场交易上网电价由用户或市场化售电主体与发电企业通过市场化方式形成，电网企业按照国家发展改革委核定的标准确定输配电价。居民、农业用户执行政府规定的销售电价。除国家有明确规定的情况外，双边协商交易原则上不进行限价。集中竞价交易中，为避免市场操纵及恶性竞争，可对报价或者出清价格设置上、下限。价格上、下限原则上由相应电力市场管理委员会提出，经国家能源局派出机构和政府有关部门审定，应当避免政府不当干预。

市场交易价格在"基准价+上下浮动"范围内形成。发电企业、批发市场电力用户、售电公司、代理购电电网企业等参与市场交易时，基于燃煤发电基准价申报价差，达成交易的价差即为市场交易价差；上下浮动范围按照国家有关政策文件执行。

3.4.1 输配电价

3.4.1.1 概述

输配电价是电网经营企业提供接入系统、联网、电能输送服务价格的总称。输配电是电力产业价值链的中间环节，不仅具有通常理解的电能输送和分配作

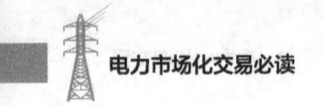

用，还通过坚强网架结构将点状分散的用户、电源等连接为统一的电力系统，保证用户获得安全、经济、优质的电能。推进输配电价改革，将输配电价从形成机制上与发、售电分开，具有重大意义。

输配电价改革前，电网环节采取购销差价模式，销售电价和上网电价由政府制定，电网企业从售电价中扣除上网电价后得到输配价格，这是"管住两头"的定价机制。输配电价高低取决于销售电价、上网电价水平。

输配电价改革后，输配电价由政府核对，先核定电网环节提供输配电服务所需要的成本费用，再考虑收益和合理税金，合计形成准许收入，这是"管住中间"的定价机制。输配电价高低取决成本、收益和售电量。

省级电网输配电电价按照用电分类分为一般工商业及其他用电和大工业用电。同时按照 500 kV 及以上、220 kV（330 kV）、110 kV（66 kV）、35 kV、10 kV（含 20 kV）、不满 1 kV 分电压等级核定。

3.4.1.2　政策文件

2015 年 4 月 13 日，国家发展改革委印发《关于贯彻中发〔2015〕9 号文件精神》（发改价格规〔2015〕742 号），决定加快推进输配电价改革，一是扩大输配电价改革试点范围，二是全面开展输配电价摸底测算工作，三是改革对电网企业的监管模式，四是积极稳妥推进电价市场化。

2015 年底，国家发展改革委发布《关于推进输配电价格改革的实施意见》，明确通过"准许成本加合理收益"原则来确定输配电价，保障电网企业在回收合理成本的同时获得合理收益，建立起电网的可持续发展机制。

2016 年 11 月 7 日，国家发展改革委和国家能源局发布《电力发展"十三五"规划》提出，"十三五"期间要有序推进电力体制改革，核定输配电价。2017 年底前，完成分电压等级核定电网企业准许总收入和输配电价，逐步减少电价交叉补贴。

2016 年 12 月 22 日，国家发展改革委印发《省级电网输配电价定价办法（试行）》（发改价格规〔2016〕2711 号），推进输配电价改革，建立规则明晰、水平合理、监管有力、科学透明的独立输配电价体系。

2020 年 2 月 5 日，国家发展改革委印发《省级电网输配电价定价办法》（发

改价格规〔2020〕101号），对2016年12月试行版办法修改完善。相对于老办法，新版省级电网定价办法在坚持"准许成本＋合理收益"定价方式不变的基础上，在新增人工成本认定、投产－电量挂钩、新增成本费率上限、有效资产规范、资本收益标准、价格调整机制、部分激励机制等方面有明显变化。

3.4.1.3 输配电价计价方法

输配电定价成本是指政府核定的电网企业提供输配电服务的合理费用支出。分为省级电网输配电定价成本、区域电网输电定价成本和专项工程输电定价成本。省级电网输配电定价成本是指政府核定的省级电网企业为使用其经营范围内输配电设施的用户提供输配电服务的合理费用支出。区域电网输电定价成本是指政府核定的区域电网经营者为使用其经营范围内跨省交流共用输电网络的用户提供输电服务的合理费用支出。专项工程输电定价成本是指政府核定的电网企业提供跨省跨区专用输电、联网服务的合理费用支出。

输配电价由监管机构按照"成本回收＋合理收益"的原则加以核定，之后分摊到用户。

3.4.2 交易电价计算

3.4.2.1 集中竞价统一出清计算步骤

（1）按照购电申报价差由高到低的顺序对电力用户、售电公司的申报电量进行排序，价差相同时按照最终申报时间早者优先的原则排序，价差、时间均相同时暂将多个申报电量合并，由此形成价差单调递减的购方申报电量队列。在成交结果出来后，对于价差、时间均相同的合并申报电量，根据申报电量比例将成交电量分配给电力用户和售电公司。

（2）按照售电申报价差由低到高的顺序对发电企业的申报电量排序，价差相同时按照最终申报时间早者优先的原则排序，价差、时间均相同时按照"可再生能源优先，节能环保优先"的原则排序；当以上条件均相同时，暂将多个申报电量合并，由此形成价差单调递增的售方申报电量队列。在成交结果出来后，对于不同发电企业的合并申报电量，根据申报电量比例将成交电量分配给不同发电企业。

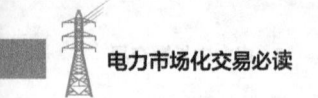

（3）依次按顺序对购方申报队列和售方申报队列中的电量进行匹配。匹配方法是：从购方申报队列、售方申报队列中分别取排在最前面的申报数据，如果能够从购方申报队列和售方申报队列中取到数据，则进行下一步计算；如果购方申报队列或售方申报队列中的数据已经全部取完，则结束匹配计算。

（4）比较购电报价（价差）和售电报价（价差），进行以下计算：

1）如果购电报价（价差）不低于售电报价（价差）。

匹配电量 $Q_{匹配}$ 等于购方申报电量（$Q_{购方申报}$）与售方申报电量（$Q_{售方申报}$）的较小值，即：

$$Q_{匹配}=\min\{Q_{购方申报}，Q_{售方申报}\}$$

匹配价差 P 匹配由购电报价（价差）$P_{购方申报}$、售电报价（价差）$P_{售方申报}$、竞价差值系数 $K_{竞价差值}$ 确定，即：

$$P_{匹配}=P_{售方申报}+(P_{购方申报}-P_{售方申报})\times K_{竞价差值}$$

其中，竞价差值系数 $K_{竞价差值}$ 原则上取 0.5，也可随市场交易供需情况调整，由电力交易机构在市场交易公告中发布。

购方或售方未匹配的剩余电量进入相应队列的最前方，并回到上一步继续取数据。

2）如果购电报价（价差）低于售电报价（价差），则结束匹配计算。

（5）根据各市场主体的匹配电量形成无约束成交易结果，经电力调度机构进行安全校核后，根据最后一个匹配对形成的匹配价差（$P_{匹配（最后）}$）确定市场统一出清价差 $P_{统一出清}$，即：

$$P_{统一出清}=P_{匹配（最后）}$$

所有成交电量均按这个价差出清，各市场主体的成交电量等于通过安全校核的匹配电量。市场主体实际成交价格根据统一出清价差、电厂的政府批复上网电价（基数电量电价）、用户的购电基准价等进行折算。

3.4.2.2 集中竞价高低匹配的出清计算步骤

（1）按照购电申报价差由高到低的顺序对电力用户、售电公司的申报电量进行排序，价差相同时按照最终申报时间早者优先的原则排序，价差、时间均相同时暂将多个申报电量合并，由此形成价差单调递减的购方申报电量队列。

在成交结果出来后，对于价差、时间均相同的合并申报电量，根据申报电量比例将成交电量分配给电力用户和售电公司。

（2）按照售电申报价差由低到高的顺序对发电企业的申报电量进行排序，价差相同时按照最终申报时间早者优先的原则排序，价差、时间均相同时按照"可再生能源优先，节能环保优先"的原则排序；当以上条件均相同时，暂将多个申报电量合并，由此形成价差单调递增的售方申报电量队列。在成交结果出来后，对于不同发电企业的合并申报电量，根据申报电量比例将成交电量分配给不同发电企业。

（3）依次按顺序对购方申报队列和售方申报队列中的电量进行匹配，匹配方法如下：

第一步，从购方申报队列、售方申报队列中分别取排在最前面的申报数据。如果能够从购方申报队列和售方申报队列中取到数据，则进行下一步计算；如果购方申报队列或售方申报队列中的数据已经全部取完，则结束匹配计算。

第二步，比较购电报价（价差）和售电报价（价差），进行以下计算：

如果购电报价（价差）不低于售电报价（价差），则按以下方法确定匹配对的电量和价差。

匹配电量 $Q_{匹配}$ 等于购方申报电量与售方申报电量的较小值，即：

$$Q_{匹配} = \min\{Q_{购方申报}, Q_{售方申报}\}$$

匹配价差 $P_{匹配}$ 由购电报价（价差）$P_{购方申报}$、售电报价（价差）$P_{售方申报}$、竞价差值系数 $K_{竞价差值}$ 确定，即：

$$P_{匹配} = P_{售方申报} + (P_{购方申报} - P_{售方申报}) \times K_{竞价差值}$$

购方或售方未匹配的剩余电量进入相应队列的最前方，并回到上一步继续取数据。

如果购电报价（价差）低于（＜）售电报价（价差），则结束匹配计算。

其中，竞价差值系数 $K_{竞价差值}$ 随市场交易供需情况调整，由电力交易机构在市场交易公告中发布。

（4）各市场主体的匹配电量形成无约束成交易结果，并经过电力调度机构安全校核后，确定各市场主体的成交电量及其实际成交价（价差）。各市场主体的成交电量等于通过安全校核的匹配电量 $Q_{匹配}$ 之和，匹配电量 $Q_{匹配}$ 的成交价（价

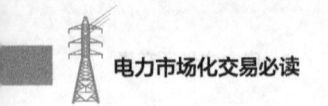

差）等于匹配价（价差）$P_{匹配}$，即不同匹配电量的价格（价差）不同。市场主体实际成交价格根据匹配价差、电厂的政府批复上网电价（基数电量电价）、用户的购电基准价等进行折算。

3.4.2.3 定价方式挂牌交易的出清计算步骤

定价方式挂牌交易的出清计算原则上采用时间优先、环保优先的方法，也可以采用按申报电量比例分配挂牌电量的出清方法。计算过程如下：

（1）对于发电企业参与的交易，首先按照最终申报时间的先后顺序对申报电量进行排序；如果申报时间相同，按照"可再生能源优先，节能环保优先"的原则排序；当以上条件均相同时，暂将多个申报电量合并；由此形成申报电量队列。在成交结果出来后，对于合并计算的申报电量，根据申报电量比例将成交电量分配给发电企业。

（2）对于电力用户和售电公司参与的交易，首先按照最终申报时间的先后顺序对申报电量进行排序，当申报时间相同时暂将多个申报电量合并，由此形成申报电量队列。在成交结果出来后，对于合并计算的申报电量，根据申报电量比例将成交电量分配给电力用户和售电公司。

（3）依次按顺序从申报电量队列中取电量数据，并相应增加预成交电量队列数据。当预成交电量之和等于电力交易平台发布的挂牌交易需求电量（或发电可供电量、辅助服务），或者申报电量队列中的数据全部取完，则结束出清计算。电力交易平台关闭摘牌申报。

（4）各市场主体的预成交电量经过电力调度机构安全校核后，确定各市场主体的成交电量及其实际成交价格，其中，实际成交价格根据挂牌价差、电厂的政府批复上网电价（基数电量电价）、用户的购电基准价等进行折算。

3.4.2.4 竞价方式挂牌交易的出清计算步骤

竞价方式挂牌交易可以选择按统一价差出清或按申报价差出清，出清计算以"价差优先、时间优先、环保优先"为原则。

1. 统一价差出清

第一步：对于发电企业参与的交易，按照申报价差由低到高的顺序对申报电量排序，价差相同时按照最终申报时间早者优先的原则排序，价差、时间均

相同时按照可再生能源优先、节能环保优先的原则排序；当以上条件均相同时，暂将多个申报电量合并，由此形成价差单调递增的售方申报电量队列。在成交结果出来后，对于不同发电企业的合并申报电量，根据申报电量比例将成交电量分配给不同发电企业。

对于电力用户、售电公司参与的交易，按照申报价差由高到低的顺序对申报电量进行排序，价差相同时按照最终申报时间早者优先的原则排序，价差、时间均相同时暂将多个申报电量合并，由此形成价差单调递减的购方申报电量队列。在成交结果出来后，对于价差、时间均相同的合并申报电量，根据申报电量比例将成交电量分配给电力用户和售电公司。

第二步：依次按顺序从申报电量队列中取电量数据，并相应增加预成交电量队列数据。当预成交电量合计等于电力交易平台发布的挂牌交易需求电量（或发电可供电量、辅助服务），或者申报电量队列中的数据全部取完时，结束出清计算。

第三步：各市场主体的预成交电量经电力调度机构安全校核后，确定各市场主体的成交电量及市场出清价差，市场出清价差等于最后一个进入成交电量队列的报价（价差），所有成交电量均按照统一出清价差结算。

第四步：各市场主体的实际成交价格根据统一出清价差、电厂的政府批复上网电价（基数电量电价）、用户的购电基准价等进行折算。

2. 申报价差出清

第一步：对于发电企业参与的交易，按照报价（价差）由低到高的顺序对申报电量排序，价差相同时按照最终申报时间早者优先的原则排序，价差、时间均相同时按照"可再生能源优先，节能环保优先"的原则排序；当以上条件均相同时，暂将多个申报电量合并，由此形成价差单调递增的售方申报电量队列。在成交结果出来后，对于不同发电企业的合并申报电量，根据申报电量比例将成交电量分配给不同发电企业。

对于电力用户、售电公司参与的交易，按照报价（价差）由高到低的顺序对申报电量进行排序，价差相同时按照最终申报时间早者优先的原则排序，价差、时间均相同时暂将多个申报电量合并，由此形成价差单调递减的购方申报电量队列。在成交结果出来后，对于价差、时间均相同的合并申报电量，根据

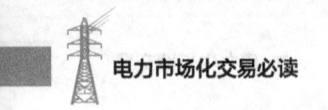

申报电量比例将成交电量分配给电力用户和售电公司。

第二步：依次按顺序从申报电量队列中取电量数据，并相应增加预成交电量队列数据。当预成交电量合计等于电力交易平台发布的挂牌交易需求电量（或发电可供电量、辅助服务），或者申报电量队列中的数据全部取完时，结束出清计算。

第三步：各市场主体的预成交电量经电力调度机构安全校核后，确定各市场主体的成交电量及成交价差，市场主体的成交价差等于各自的申报价差。

第四步：各市场主体的实际成交价格根据出清价差、电厂的政府批复上网电价（基数电量电价）、用户的购电基准价等进行折算。

3.5 月度交易计划编制与调整

电力交易机构以满足电网稳定运行要求、实现月度电力电量平衡为约束条件，根据省政府电力主管部门印发的年度电力供需平衡方案、市场主体年度合同分月电量安排、各类月度交易成交结果等编制月度交易计划。

月度交易计划主要内容包括：次月全网调度发受电量预测、预安排的多发（少发）电量、火电（含煤矸石发电）企业市场合同电量、其他发电企业市场合同电量、优先发电计划电量，跨省跨区购电量，地调直调发电企业计划电量，非统调发电企业上网电量等。

在编制月度电量交易计划时，水电、生物质和垃圾焚烧发电企业各月的优先发电计划可以根据年度平衡方案的年度计划电量与近5年当月发电量（上网电量）平均值的比例安排，近5年新投产的电厂与有计划检修安排的电厂可根据实际情况进行调整；风电、光伏发电企业将年度平衡方案的年度计划电量（如有）平均分配至12个月，如果月度优先发电计划与优先购电计划不平衡，可对可再生能源发电企业的月度优先发电计划等比例调减，直至满足月度电量平衡。可再生能源发电企业的月度发电计划（优先计划发电量与市场合同发电量之和）以不超自身发电能力为原则。月度交易计划应分时段编制。

3.6 交易结果执行和偏差处理

交易结果根据月度电量交易计划执行。电力交易机构以满足电网稳定运行要求、实现月度电力电量平衡为约束条件，根据政府电力主管部门印发的年度电力供需平衡方案、市场主体年度合同分月电量安排、各类月度交易成交结果等编制月度交易计划，月度交易计划包括以下主要内容：次月全网调度发受电量预测、预安排的多发（少发）电量，火电（含煤矸石发电）企业市场合同电量、其他发电企业市场合同电量、优先发电计划电量，跨省跨区购电量，地调直调发电企业计划电量，非统调发电企业上网电量等。

月度交易计划应分时段编制，在编制月度电量交易计划时，水电、生物质和垃圾焚烧在发电企业各月的优先发电计划中可以根据年度平衡方案的年度计划电量与近5年当月发电量（上网电量）平均值的比例安排，风电、光伏发电企业（扶贫项目除外）发电量全部进入市场，不安排优先计划。可再生能源发电企业的月度发电计划（优先计划发电量与市场合同发电量之和）以不超自身发电能力为原则。

3.6.1 交易结果执行

交易结果执行流程如下：

（1）电力交易机构汇总省内市场成员参与的各类交易合同（含优先发电合同、市场交易合同），形成省内发电企业的月度发电计划，并依据月内（多日）交易结果，对月度发电计划进行更新和调整。电力调度机构应根据经安全校核后的月度（含调整后的）发电计划以及清洁能源消纳需求，合理安排电网运行方式和机组开机方式。相关电力交易机构汇总跨区跨省交易合同，形成跨区跨省发电企业的月度发电计划，并依据月内（多日）交易，进行更新和调整。

（2）在年度合同的执行周期内，次月交易开始前，在购售双方一致同意且不影响其他市场主体交易合同执行的基础上，允许通过电力交易平台调整后续各月的合同分月计划（合同总量不变），调整后的分月计划需通过电力调度机构安全校核。

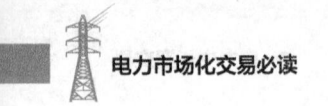

（3）电力交易机构定期跟踪和公布月度（含多日交易调整后的）发电计划完成进度情况。市场主体对发电计划完成进度提出异议时，电力调度机构负责出具说明，电力交易机构负责公布相关信息。

（4）全部合同约定交易曲线的，电力调度机构按照合同约定曲线形成次日发电计划；部分合同约定交易曲线的，由电力调度机构根据系统运行需要，安排无交易曲线部分的发电曲线，与约定交易曲线的市场化交易合同共同形成次日发电计划。

（5）电力系统发生紧急情况时，电力调度机构可基于安全优先的原则实施调度，事后向国家能源局派出机构、地方政府电力管理部门报告事件经过，并向市场主体进行相关信息披露。

交易机构负责交易执行日分析、交易执行周分析、交易执行月分析、中长期交易分析等工作。应该规范电力交易执行分析工作，提高电力交易执行分析的科学性和准确性，为制定相应交易策略提供决策依据。交易执行分析流程如下：

（1）资料汇集。电网公司相关职能部门应每月向交易机构提供如下资料：调控中心负责提供气温、降雨等气象信息、水电运用及控制情况、电网安全控制要求及发电受阻容量、旋转备用容量、设备投产及退役情况等信息；发策部负责提供各行业全社会用电量情况、调度电厂发电量等信息；营销部负责提供售电量情况及拉、限电力电量等信息；交易机构内部汇集电厂、售电公司、用户结算情况信息，省间交易结算信息，电厂、售电公司、用户注册情况信息。

（2）电力交易执行分析。分析内容应至少包括全社会用电量、售电量、省内市场交易、省间市场交易等情况。全社会用电量及一产、二产、三产、居民用电量完成情况等内容。售电量完成情况、工商业电量完成情况、电量增速情况等内容。省内市场化交易注册情况、交易组织情况、交易成交情况、实际结算情况。省间交易组织情况、实际完成情况、后续采取措施。

（3）提出建议及措施。根据电力交易执行分析，提出省间和省内交易措施建议，提交交易中心分管领导审核。

3.6.2 偏差处理

交易计划电量与实际发用电需求之间出现偏差时，允许发用双方在协商一

致的前提下，可在合同执行一周前进行动态调整。鼓励市场主体通过月内（多日）交易实现月度发用电计划调整，减少合同执行偏差。电网月度实际用电需求与月度发电计划存在偏差时，可通过发电侧上下调预挂牌机制进行平衡，也可根据各地实际采用偏差电量次月挂牌、合同电量滚动调整等偏差处理机制。以上下调预挂牌机制为例，电力交易机构按月通过预挂牌招标交易确定次月上调（增发）机组及电量调用排序和下调（减发）机组调用排序，电力调度机构按照上调机组调用排序增加发电出力，或者按照下调机组调用排序减少发电出力，确保电力系统供需实时平衡。

预挂牌上下调招标交易分时段组织，发电侧上下调预挂牌机制采用"报价不报量"方式，发电企业在规定时间内申报上调（增发）价格和下调（减发）价格。通过预挂牌交易确定次月上调机组调用排序（按申报价格由低到高排序，价格相同以时间优先和环保优先原则排序）和下调机组调用排序（按申报价格由低到高排序，价格相同以时间优先和环保优先原则排序）。预挂牌交易结束后，电力交易机构将上调机组调用排序和下调机组调用排序提交电力调度机构。

电力交易机构负责组织预挂牌交易，发电企业在规定的时间内申报上调（增发）价格和下调（减发）价格。预挂牌上下调招标可以与月度集中竞价一并组织，也可以在月度集中竞价之后单独开展。组织流程如下：

（1）发电机组申报上调报价（单位增发电量的售电价格）和下调报价（单位减发电量的购电价格）。

（2）电力交易机构按照上调报价由低到高排序形成上调机组调用排序列表，按照下调报价由高到低排序形成下调机组调用排序列表。价格相同时按照发电侧节能低碳电力调度的优先级进行排序。

（3）月度最后7个自然日，根据电力电量平衡预测，各类合同电量的分解执行无法满足省内供需平衡时，在满足电网安全约束和机组安全约束的前提下，电力调度机构按照上调机组调用排序增加发电出力，或者按照下调机组调用排序减少发电出力，确保发用电的实时平衡。已报价上下调能力用尽后，可以对未报价的机组实行强制上下调，强制上下调可根据市场实际情况进行限价。预挂牌交易结束后，电力交易机构将上调机组及电量调用排序和下调机组调用排序提交给电力调度机构。

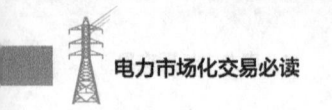

偏差电量次月挂牌组织的基本流程是：

（1）电力调度机构在保证电网安全运行的前提下，根据全网机组运行负荷率确定预挂牌机组负荷率上限和下限，并在月初公布。各机组上调、下调电量的限额按照负荷率上下限对应发电量与机组当月计划发电量的差额确定。

（2）在满足电网安全约束的前提下，将上月全网实际完成电量与全网计划发电量的差额，按照各机组上月申报的预挂牌价格（上调申报增发价格、下调申报补偿价格）排序确定机组上调、下调电量，作为月度调整电量累加至机组本月计划发电量。其中，下调电量按照机组月度集中交易电量、月度双边交易电量、年度分月双边交易电量、计划电量的顺序扣减相应合同电量。

（3）月度发电计划执行完毕后，发电侧首先结算机组上调电量或者下调电量，其余电量按照各类合同电量结算顺序以及对应电价结算；用户侧按照当月实际用电量和合同电量加权价结算电费，实际用电量与合同电量的偏差予以考核。

发生安全校核不通过、交易电量被核减时，可在月度交易完成后5个工作日内对削减电量开展月度增补交易，具体以增补交易公告为准。交易公告须发布各发电企业的月度剩余发电空间，用户（售电公司）通过增补交易购电；对于增补交易仍未达成的用电需求，按照上调机组调用排序增加发电出力实现平衡。安全校核未通过时，由电力交易机构进行交易削减。对于双边协商交易，可按照时间优先、等比例原则进行削减；对于集中交易，可按照价格优先的原则进行削减，价格相同时按提交时间优先的原则进行削减，提交时间相同时按发电侧节能低碳电力调度的优先级进行消减。安全校核应在规定的时限内完成。安全校核未通过时，电力调度机构需出具书面解释，由电力交易机构予以公布。

3.7　电力电量平衡分析预测

规范季度、月度电力市场电力电量平衡分析工作，提高电力电量平衡分析的科学性和准确性，有利于为合理安排年度、月度省内市场化交易组织，年度、季度、月度电量交易计划，跨区跨省交易及制定相应交易策略提供决策依据。分为以下三个阶段：

（1）资料收集。电网公司相关职能部门应于每月中长期交易组织前向交易机构市场预测专责提供如下资料：调控中心负责提供负荷需求预测、发电检修计划、输电检修计划、水电运用及控制计划、电网安全控制要求及发电受阻容量、旋转备用容量、设备投产及退役情况等信息；发策部负责提供各行业全社会用电情况年度用电需求预测等信息；营销部负责提供售电量情况、预测情况及拉、限电力电量等信息。

（2）平衡分析。分析内容应至少包括电力电量需求预测分析、电力电量供给能力预测分析、电力电量供需平衡分析等。各部分内容分析要求：电力电量需求预测分析指标应包括最大用电需求、调度口径用电量预测等内容；电力电量供给能力预测分析指标应包括装机容量、计划检修容量、受阻容量、旋转备用容量、购入电力、发电可调容量、综合可调容量、可发电量、购入电量、综合可供电量等内容；电力电量供需平衡分析应在电力电量供给能力和需求预测分析的基础上，明确边界条件，分析影响平衡因素，提出电力电量平衡结论。市场预测人员根据电力电量平衡分析结论，提出跨省跨区交易建议和省内电量交易计划编制建议，提交交易机构分管领导审核。

（3）报告编制。市场预测人员应在每月、每季规定时间前编制完成下月、下季度电力电量平衡分析报告。报告包括文字分析和数据表格两部分。文字分析报告应包括本月（季）度电力电量供需情况分析与预测评估、次月（季）度电力电量预测与平衡分析，同时包含需求预测、电源投产或退役、来水、调煤预测、受阻分析、检修安排、跨区跨省交易计划、电力电量盈余分析以及建议、措施等方面内容；数据表格主要体现最高用电负荷日、实际备用率最小日的供需情况。

3.8 市 场 干 预

发生以下情况之一时，电力交易机构、电力调度机构报经能源监管机构和政府主管部门批准后，可依法依规采取市场干预措施，并事后向市场成员公布原因：

（1）电力系统内发生重大事故危及电网安全的。

（2）发生恶意串通操纵市场的行为，并严重影响交易结果的。

（3）市场技术支持系统发生重大故障，导致交易无法正常进行的。

（4）因不可抗力电力市场化交易不能正常开展的。

（5）电力市场交易规则不适应电力市场交易需要，必须进行重大修改的。

（6）国家能源局或其派出机构做出暂停市场交易决定的。

（7）市场发生其他严重异常情况的。

市场干预期间，电力交易机构、电力调度机构应详细记录市场干预的原因、起止时间、对象、措施和结果等有关情况备查，并及时向能源监管机构和政府主管部门提交报告。

市场干预的主要手段包括：改变市场交易时间、暂缓市场交易；发布临时条款；调整交易组织方式；其他维护市场正常交易和竞争的手段。

4 电力现货交易与辅助服务市场

4.1 现货交易的定义

电力现货交易是指符合准入条件的发电企业、售电公司、电力大用户、负荷聚合商等市场主体,通过集中竞价等市场化方式开展的日前、日内、实时电能量交易,日前、日内组织的备用、调频等辅助服务交易也可纳入现货交易范畴。

电力现货交易的市场主体主要包括发电企业、售电公司、电力用户、电网企业、独立辅助服务提供者、负荷聚合商等。参与电力现货交易的市场主体应是具有独立法人资格、独立财务核算、信用良好、能够独立承担民事责任的经济实体,并且具备电量数据分时计量(一般以15min为周期)与传输技术手段,数据准确性与可靠性应能满足现货交易要求。由于电力现货交易对于电能计量的要求较高,通常普通电力用户因不具备电量分时计量、传送的技术条件而难以直接参与电力现货交易,电力用户是否参与不是开展电力现货交易的必要条件。

电力现货交易的标的物一般为15min的电力或备用、调频等辅助服务,标的物的交割时间为未来一天、几个小时或几十分钟。电力现货交易的组织时间更加接近实际运行时间,电力供需预测较为准确,电网运行方式安排较为明确,因此电力现货交易可以充分考虑电网安全约束和可再生能源的实际发电能力,能够较为精细地考虑不同时间(每15min一个时间段)、不同地点(电网节点)的电力供求关系,形成可以物理执行的实物合同,反映不同时间、空间的电能价值,实现电力资源短期优化配置和发现价格的目的,促进可再生能源消纳。

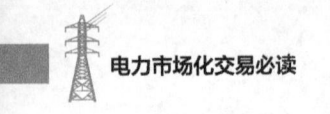

4.2 现货交易模式

4.2.1 集中式与分散式

集中式现货采用全电量集中竞价方式进行交易，现货交易确定发电（用电）企业的完整日发（用）电曲线，一般配合采用双边差价合约模式的中长期交易。分散式现货采用部分电量竞价方式进行现货交易，配合采用物理双边合约的中长期交易，现货交易主要用于平衡日前（日内、实时）发用电曲线与中长期合同分解曲线之间的偏差。

集中式现货交易与分散式现货交易的差异有三个方面：①参与交易的电量规模不同，集中式现货交易中，市场主体的全部电量必须参与现货交易；分散式现货交易中，市场主体的部分电量参与现货交易。②现货交易出清算法不同，集中式现货交易采用安全约束机组组合、安全约束经济调度等复杂出清算法，需要考虑机组组合、经济调度等系统运行整体问题；分散式现货交易出清算法相对简单，以中长期交易机组组合为基础，仅考虑电力偏差调整等问题。③出清电价结果不同，集中式现货交易的出清结果一般为节点边际电价，能够比较精细地考虑电能的时间、空间价值；分散式现货交易的出清结果一般为分区边际电价或系统边际电价。

4.2.2 双向市场与单向市场

根据电力用户参与现货交易情况的不同，电力现货交易可分为发用电双向报量报价、用户侧报量不报价、发电侧单向报量报价三种模式。

（1）发用电双向报量报价模式中，符合现货市场准入条件的发电企业均申报发电量价曲线，符合现货市场准入条件的电力用户可以申报需求量价曲线，也可以通过售电公司、负荷集成商参与现货市场，从而实现发用电双向竞价。

（2）用户侧报量不报价模式中，符合现货市场准入条件的发电企业均申报发电量价曲线，但售电公司和电力用户仅申报用电需求曲线、不申报价格，用户侧申报的用电需求曲线仅作为现货市场的结算依据，不作为现货市场出清的边界条件，用户侧主体按市场出清价格进行统一结算。

（3）发电侧单向报量报价模式中，符合现货市场准入条件的发电企业单向申报量价曲线，售电公司和电力用户作为"价格接受者"参与现货市场，既不申报电力需求，也不申报价格，可按照全市场节点的加权平均综合电价进行电量结算。

4.3 现货交易品种、流程与定价

4.3.1 现货交易品种

电力现货市场主要有日前电力交易、日内电力交易、实时电力交易、辅助服务现货等交易品种。

（1）日前电力交易根据市场主体的日前市场申报数据，以长周期机组组合状态、负荷预测、联络线计划等作为市场边界，考虑电网安全约束、机组运行约束、系统约束及其他可行性约束条件，每天分为若干个交易时段（如24或96个时段），以社会福利最大化等为目标函数进行优化，集中优化出清次日分时段（一般为15min一个时段）的机组组合计划和发电出力计划，形成总经济效益最优的发电计划，并形成机组与用户市场出清电价。

（2）日内电力交易根据系统实际运行情况、最新负荷预测需求和日内市场报价，采用安全约束机组组合（security-constrained unit commitment, SCUC）每15min（时间可设置）滚动计算未来15min至未来多小时（时间可设置）多个时段最优的快速启动机组的启停计划，以安全约束机组组合或安全约束经济调度（security-constrained economic dispatch, SCED）进行优化出清，确定未来多小时分时段（一般为15min一个时段）机组组合计划和发电出力计划及市场出清价格。

（3）实时电力交易根据系统实际运行情况、最新负荷预测需求和实时市场报价，在日前与日内市场确定的机组开停机组合基础上，采用安全约束经济调度，每15min（时间可设置）滚动计算未来15min～1h（时间可设置）的市场出清结果，市场出清结果送到电能管理系统（energy management system, EMS）进行控制执行，支持5min或15min交易周期。

（4）辅助服务现货交易开展基于市场竞价下的辅助服务产品市场化交易，

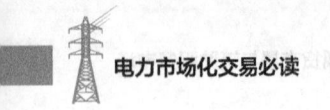

包括自动发电控制（automatic generation control, AGC）调频、备用等辅助服务，可以与现货电能量统一优化联合出清或独立出清。

4.3.2 现货交易基本流程

电力现货交易主要包括市场注册、事前信息发布、交易申报、出清计算、安全校核、交易结果发布等流程。

（1）市场注册指的是符合市场准入条件的主体按照市场注册管理制度在市场运营机构办理注册手续、获得参与交易资格权限的过程。

（2）事前信息发布指的是交易申报前由市场运营机构公开发布的交易相关信息，主要包括全网系统负荷预测曲线、省间联络线电力预测、发电机组检修总容量、正备用要求、负备用要求、输变电设备检修计划、电网关键断面约束情况、必开必停机组、市场限价等交易参数。

（3）交易申报指的是市场主体在规定时间内申报交易电力曲线、交易电价、启动费用、空载费用、最小连续运行时间、最小连续停机时间等信息。

（4）出清计算指的是市场运营机构基于市场成员申报信息以及运行日的电网运行边界条件，采用规定的算法进行优化出清得到市场交易结果的过程。对于集中式现货交易，一般采用安全约束机组组合、安全约束经济调度程序进行优化计算，得到机组组合方式、发用电出力曲线和节点边际电价。对于分散式现货交易，一般采用安全约束经济调度程序进行出清计算，得到发用电出力曲线调整值和系统（分区）变价电价。

（5）安全校核主要完成各个时段电网运行计划和电网运行操作的安全校核，必须满足《电力系统安全稳定导则》（GB 38755—2019）确定的各项电网安全稳定运行标准。现货市场出清应至少实现静态安全校核功能。静态安全校核功能是在给定的方式下，对电网进行静态安全方面的综合分析，包括基态潮流分析、静态安全分析、灵敏度分析等，确保最终生成的市场出清结果满足电网静态安全约束。

4.3.3 电力现货出清价格机制

电力现货交易有三种出清价格机制：节点边际电价（location marginal price,

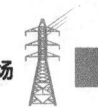

LMP）、系统边际电价（system marginal price，SMP）和分区边际电价（zonal marginal price, ZMP）。

（1）节点边际电价指在满足当前输电网络设备约束条件和各类其他资源的工作特点的情况下，在某一节点增加单位负荷需求时所需要增加的边际成本，简称节点电价；节点电价由系统电能价格、输电阻塞价格、网络损耗价格构成，其中，系统电能价格反映全市场的电力供求关系，输电阻塞价格反映节点所在位置的电网阻塞情况，网络损耗价格反映节点所在位置对电网传输损耗的影响程度。

（2）系统边际电价按照报价从低到高的顺序逐一成交电力，使成交的电力满足系统负荷需求的最后一个电能供应者的报价。

（3）分区边际电价指的是当电网存在输电阻塞时，按阻塞断面将市场分成几个不同的分区（即价区），并以分区内边际机组的价格作为该分区市场出清价格。

现货交易出清价格机制的选择主要考虑电网阻塞情况。在分区内部不存在阻塞的情况下，分区内各节点边际电价相同且等于分区边际电价；在分区间不存在阻塞的情况下，各分区边际电价相同且等于系统边际电价。

4.4　现货市场评估分析与风险管控

4.4.1　评估分析

市场评估分析是基于电力现货市场运营、电网运行、市场注册、市场结算、市场成员行为记录等数据，从市场结构、市场安全、市场运营、市场效益、调度运行等多方面对市场进行评估分析。可根据电力市场的交易记录、成交电量、电费以及市场供需情况对市场的交易进行统计、分析及测算。评估市场运营的状况，提供电力现货市场成员损益报告、市场风险报告，为市场成员参与市场，以及电力市场交易规则的修正提供参考。

市场结构评估分析功能包括三寡头测试、市场集中度指数（herfindahl-hirschman index, HHI）、供应剩余率（residual supply index, RSI）、市场竞争空间等指标分析。市场安全性评估分析功能包括短期安全性指标分析、长期性安全性指标分析、发电容量充裕度分析、输电容量充裕度分析等。市场运营评估分

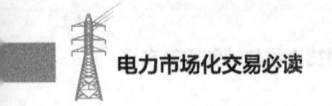

析功能包括市场申报参量指标分析、供需指标分析和成交指标分析等。市场效益评估分析功能包括现电价类指标分析、节能减排指标分析、容量利用率指标分析、市场成员损益计算分析等。调度运行指标分析功能包括预测准确率、计划执行情况、机组调节性能指标、启停履约率等指标分析。

4.4.2 风险管控

现货市场中的风险管控要求研究风险发生和变化的规律，评估风险对社会经济生活可能造成的损害程度，并选择有效的手段，有计划、有目的地处理风险，期望以最小的成本代价，获得最大的安全保证。

4.4.2.1 风险识别

风险识别主要包括五种方式：①供需风险指标分析识别，包含可用容量指标、市场供需弹性、备用容量水平指标分析等；②市场力风险指标分析识别，包含三寡头测试、市场集中度指数、勒纳指数（Lerner index）分析等；③交易风险指标分析识别，包含电价平稳性指标、竞价风险指标分析；④电网安全风险指标分析识别，包含阻塞成本、输电容量富裕度、辅助服务风险指标分析；⑤电力市场价格风险识别。

4.4.2.2 风险预警

风险预警主要包括三种方式：①单一指标自动计算分析，当监控指标超过预先设定值时，告警；②综合指标自动计算分析，当综合指标超过预先设定值时，告警；③单一指标和综合指标手动计算分析。

4.4.2.3 风险管控

风险管控主要包括四种方式：①阻塞管理，作为市场优化模型一部分，在日前、日内和实时市场出清过程中均应充分考虑；②市场成员行为测试，用于测试某一电源的投标价格是否超过其参考价格，达到预先设定门槛；③市场成员影响测试，用于测试该电源投标对能量市场出清价格的影响，如果某一电源投标未能通过行为测试，且其影响测试超过了预先设定的门槛，则使用参考价格代替该电源投标价格；④市场力消除程序，能够根据检测结果消除市场力引发的风险。

4.5 电力辅助服务的基本概念

电力辅助服务是指除正常电能生产、输送、使用外，为维护电力系统的安全稳定运行，保证电能质量，由发电企业、电网经营企业和电力用户提供的额外服务。辅助服务具有一定公共产品属性，应用范围为整个电力系统。电力系统中每一个成员可能是辅助服务的提供者或者使用者，并且其身份在不同时间维度上可能发生转换。

电力辅助服务主要包括：一次调频、自动发电控制、调峰、无功调节、备用、黑启动等。其中，一次调频、自动发电控制、调峰、备用主要是为满足电力供需平衡提供有功调节的服务；无功调节主要是为保证电压质量提供的服务；黑启动是为了在电力系统发生大面积故障或局部崩溃时，恢复系统所提供的服务。

4.6 电力辅助服务市场的建设

4.6.1 建设必要性

电力是商品，为保证电能量商品正常交换所提供服务也是商品的一部分。电力辅助服务市场是以"服务"为标的的市场，是电力市场体系中不可分割的一部分，应通过市场进一步还原电力辅助服务的商品属性，通过市场进行商品交换，发现并形成商品价格。

在传统的电力系统中，辅助服务通常由调度机构统一安排或指令某一成员无偿提供辅助服务，使用者基本在无感知状态下享用辅助服务。随着电力市场化改革的不断推进，这种方式已无法适应形势的发展。因此，在电力市场中，不仅不能要求市场主体无偿提供或无条件使用辅助服务，必须以市场手段发现每一项辅助服务的价格，厘清各辅助服务提供者的贡献、各使用者使用了哪些辅助服务、使用量和费用是多少等。

近年来，电网结构、电源结构、用电结构日新月异，对电力辅助服务提出了更高的要求。电网规模、互联范围不断扩大，同时，微电网技术加速成长。

电源方面，风电、光伏等新能源装机快速增加，以新能源为主体的新型电力系统正在构建、形成并不断发展，但是，风电、光伏等新能源出力存在不稳定性和不确定性，必须有更强的调节能力、更新的调节手段、更快的调节速率、更密的调节频次与之相适应。用电结构变化导致峰谷差日益加大，对调峰服务的需求增加，辅助服务提供者为此付出了更多的成本，需要通过市场方式得到回报并获取一定利润。建立电力辅助服务市场，还将推动传统煤电企业由电量型向电力型转型，有利于可再生能源通过市场方式获得更大发电空间，促进可再生能源的消纳和利用。

4.6.2 我国电力辅助服务市场的建设和发展

我国电力辅助服务市场最初是由相关"管理办法"逐渐过渡形成，辅助服务由无偿到有偿，直至部分商品化、市场化，一直在不断探索、发展和完善中。

第一阶段是探索阶段。2006年，国家电监会印发了《并网发电厂辅助服务管理暂行办法》，明确并网发电厂提供的辅助服务分为基本辅助服务和有偿辅助服务。2009年，6个区域电监局依据该办法分别制定、印发了各区域《并网发电厂辅助服务管理实施细则》和《发电厂并网运行管理细则》（简称"两个细则"），2010年，各区域逐步实施。

第二阶段是创新完善阶段。以2015电改9号文印发为标志，该文中明确提出"建立辅助服务分担共享新机制"。2017年，国家能源局印发了《完善电力辅助服务补偿（市场）机制方案》，要求进一步完善和深化电力辅助补偿（市场）机制。2018年起，各区域、各省分别发布电力辅助服务市场运营规则，逐步开展电力辅助服务市场试运行或正式运行。2020年各地完善电力辅助服务市场机制的步伐不断加快，交易品种日益丰富，交易主体呈现多元化。

第三阶段是常态运营阶段。配合现货市场试点，电力辅助服务将逐步与中长期市场、现货市场等形成完整有序的市场体系，不断完善和发展。

建立辅助服务市场与传统的《并网发电厂辅助服务管理实施细则》和《发电厂并网运行管理细则》（简称"两个细则"）相比，区别主要有三个方面：①改变了单一由调度指定提供者的方式，形成竞争机制，通过市场竞争确定辅助服务的提供者，实现市场对资源的优化配置；②以总服务费最低为原则，通过市场发现辅助服务的价格，反映其真实价值；③在辅助服务使用侧，"两个细则"中以月度为考核周期，由于周期较长，辅助服务的提供者与使用者身份可能出现转换，提供量与使用量可能变化，难以反映真实的状况，辅助服务市场以较小的交易周期（如每15min或更短周期）进行交易和结算，可以清晰地区分出交易周期内的服务的提供者、使用者及其量、价、费。

4.7 辅助服务市场的设计

4.7.1 市场设计的总体原则

电力辅助服务市场遵循"谁受益、谁承担"的原则。市场定价机制一方面应保证供应者收回成本，还要保障其合理的利润。另一方面，也应考虑辅助服务使用者的承受能力。

辅助服务市场的价格一般由卖方（提供服务者）通过竞争形成，并取得提供服务的资格；买方（享用服务者）以价格接受者的形式分摊服务费。辅助服务市场规则的设计应该达到确保安全、增强竞争、规模适中、费用合理的目标。

辅助服务市场应建立争议处理机制，明确市场主体对辅助服务调用、费用结算和考核等情况存在异议时的处理程序。当出现异议时，市场主体可以向市场运营机构提出，经复核后仍存在争议的，可以向能源监管机构投诉或举报，提请依法依规予以处理。

4.7.2 交易品种的设计

目前，各省电力辅助服务市场以调峰、调频服务为主要交易品种，无功电压调节、黑启动等暂未纳入辅助服务市场。已纳入辅助服务市场的，一般在"两个细则"中不再重复补偿及考核，未纳入的，仍执行"两个细则"相关规定。

省级调峰辅助服务市场开展的主要交易品种是深度调峰和启停调峰服务交易。深度调峰服务的卖方以火电企业、抽水蓄能电站、电化学储能电站等为

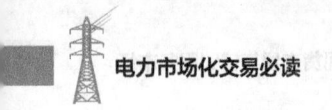

主；启停调峰服务的卖方仅为火电企业。买方以风电、水电等波动性、随机性较大的发电企业为主，电力用户也将逐渐纳入购入主体范畴。

深度调峰服务交易指在系统负备用不足或者可再生能源消纳困难的情况下，以火电机组降低出力至有偿调峰基准值以下的调峰服务、抽水蓄能机组的抽水服务和储能电站的充电服务等为交易标的，从而提高系统负备用水平或者可再生能源消纳能力的交易。各省区对火电有偿调峰基准值的规定略有不同，一般在机组额定容量的50%左右。

启停调峰服务交易是指火电机组在规定时间内（一般为24h内）完成一次启动并网和停机解列的运行状态转换，以满足电网调峰需要的服务为标的交易。

关于火电机组深度调峰是否纳入辅助服务市场目前存在不同的观点。火电机组调峰按其调峰幅度可以分为基本调峰、深度调峰和启停调峰三种运行方式。基本调峰是指机组在规定的最小技术出力到额定出力范围内，为了跟踪负荷的峰谷变化而有计划的、按照一定调节速度进行的出力调整，基本调峰一般视为火电机组的义务，是无偿提供的。深度调峰是指机组在规定的最小技术出力水平以下进行的出力调整。从某种意义上说，基本调峰和深度调峰属于电能量市场的范畴。但是，火电机组深度调峰运行时，煤耗率远高于基本调峰，且长时间深度调峰对火电机组本身运行不利，易导致机组发生故障，降低设备寿命，增加检修费用。但是在电能量市场，从电能量的时间价值而言，低谷的电价可能较低，超出基本调峰的服务成本得不到补偿。这些额外的调峰服务需要通过市场方式得到应有的回报。因此，现阶段将深度调峰作为服务品种纳入辅助服务市场有一定的合理性，将来深度调峰也可以考虑与现货市场相衔接。

省级调频辅助服务一般指电源在一次调频以外，通过自动发电控制按照一定调节速率实时调整发电出力，以响应电网频率或区域控制偏差（area control error, ACE）要求所提供的服务。

省级调频辅助服务市场的卖方包括火电企业、水电企业以及能够响应调度指令的储能电站等；买方为市场内的其他各类发电企业，电力用户也将逐步纳入购入主体范畴。

4.8 辅助服务市场的运营

4.8.1 省级调峰辅助服务市场

4.8.1.1 省级深度调峰、启停调峰市场的启动条件

启动省级深度调峰市场交易一般应满足以下条件之一：①系统负备用不足；②可再生能源无法实现全额保障性消纳，可能导致弃电，或购买其他省负备用辅助服务。

当预计系统负备用不足且深度调峰交易无法满足电网调峰需求时，可启动启停调峰交易。

4.8.1.2 参与调峰辅助服务市场的申报及出清方式

火电参与调峰辅助服务市场申报是按减发量报价，即以火电机组有偿调峰基准值为基点，负荷率每下调一定幅度为一个报价区间，申报减发量补偿价格。抽水蓄能和储能电站分别按抽水电量和充电电量报价，申报补偿价格。

市场出清按价格优先原则，将卖方报价由低到高排序，由调度机构按需调用。

由于抽水蓄能机组及蓄能电站具有其特殊性，在深度调峰市场可以与火电按报价出清，也可以考虑优先启用。

抽水蓄能机组在实现能量转换时存在能量损失，在一个抽水、发电的循环运行过程中，抽水电量大于发电电量，其效率一般为75%左右，即抽水、发电损耗约为25%。但是，抽水蓄能机组在电网调峰、备用等方面具有较大的灵活性，在深度调峰市场优先调用抽水蓄能机组不仅在低谷起到提升负荷水平的作用，而且可以作为高峰时段的重要电源，在全天的电力平衡充分发挥作用，并且可以作为电网的事故备用。对于峰谷差大，火电低负荷运行持续时间长的地区，抽水蓄能机组的合理运用，可以减少火电机组的开机台数，改善在网运行火电工况，提高运行效率，降低煤耗。此外，长时间深度调峰对火电机组本身运行不利，易导致机组发生故障，降低设备寿命，增加检修费用；火电机组深度调峰还可能影响排放指标，例如锅炉低负荷运行情况下，可能存在氮氧化物

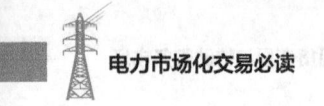

排放超标问题。

电化学储能在调峰中的作用与抽水蓄能机组类似。

因此，在深度调峰市场可以根据需要优先启用抽水蓄能机组及储能电站，但是在有其他市场主体报价时，应考虑将优先启用的抽水蓄能机组作为价格接受者参与市场。

4.8.1.3 深度调峰的服务费的计算办法

火电深度调峰服务费为调用机组深度调峰电量与市场出清价格乘积的总额，即：

火电机组深度调峰服务费 = Σ（该交易时段火电机组深度调峰电量 × 中标价格）

其中，火电机组深度调峰电量为火电机组按调度指令深度调峰的减发电量。

抽水蓄能机组深度调峰服务费为：

抽水蓄能机组深度调峰服务费 = Σ（该交易时段抽水蓄能机组深度调峰电量 × 中标价格）

其中，抽水蓄能机组深度调峰电量为抽水蓄能机组按调度指令抽水的抽水电量。

储能电站深度调峰服务费为：

储能电站深度调峰服务费 = Σ（该交易时段储能电站深度调峰电量 × 中标价格）

其中，储能电站深度调峰电量为储能电站按调度指令充电的充电电量。

在服务费的计算中，可以设置调节系数，用以调控服务费总额。

4.8.1.4 火电启停调峰的服务费的计算办法

启停调峰服务费为调用机组启停调峰台次与市场出清价格乘积的总额。即：

启停调峰服务费总额 = Σ（启停调峰台次 × 中标价格）

4.8.1.5 调峰服务费的分摊办法

目前调峰服务费一般在发电侧进行分摊。由调峰交易时段有上网电量的买方按其上网电量占比予以分摊。即：

$$某市场主体调峰服务费分摊费 = \frac{调峰服务费总额 \times \Sigma(该交易时段内该市场主体上网电量)}{\Sigma(该交易时段内各市场主体上网电量)}$$

考虑不同类别市场主体在调峰市场中的影响或受益差异，可以分别设置分摊调节系数。例如，在《湖南省电力辅助服务市场交易规则》中，不完全季调节及以上水电厂分摊调节系数取值 0.5，风电分摊调节系数取值 1.2～1.5，其他市场主体分摊调节系数为 1。

随着市场的不断完善，可以将用户按用网电量纳入分摊，在用电价格中予以体现。

4.8.1.6 参与申报设备容量不满足电网深度调峰需求或启停调峰需求时的处理办法

当所有参与深度调峰的申报设备容量均已调用，仍不能满足电网调峰需求时，可在规则中设置一定的强制措施，以满足电网调峰需要，确保电网安全运行。

以《湖南省电力辅助服务市场交易规则》为例，如出现该情况时，按照调峰总服务费最低为原则，逐档强制调用未申报机组的深度调峰能力。被强制调用机组按该交易时段内同负荷率区间申报机组的最低报价结算。如同负荷率区间无报价，则按相邻的上个区间最低报价结算。如无机组申报，可无偿强制调用机组。

如参与启停调峰的申报机组均已调用，仍不能满足电网调峰需求，可根据规则强制调用未申报机组。被强制调用机组按该交易时段同一容量等级火电机组最低报价结算。如无机组申报，可根据无偿强制调用机组。

4.8.2 省级调频辅助服务市场

4.8.2.1 申报与出清方式

调频辅助服务市场卖方以一套 AGC 装置控制的所有发电机组为单元进行申报，申报是机组调频容量和调频里程价格。

调频容量是指一套 AGC 控制的发电单元的最大可调出力与最小技术出力之间的容量，分为向上调节和向下调节容量。实际申报的调节容量应综合考虑运行出力受限、火电机组最低稳燃出力、水电振动区等因素。

调频里程是指发电单元响应 AGC 控制指令结束时的实际出力值与响应指令开始时的实际出力值之差的绝对值。某一时间段内的总调频里程为发电单元在

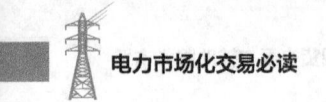

该时段内产生的调频里程之和。

调频市场出清依据调频需求、卖方申报数据、历史调频性能指标等，以调频服务供应成本最小化为目标，以发电计划曲线为基准，确定发电单元上、下调频容量，按照调频里程价格排序，从低到高依次进行出清，直至中标发电单元调频容量总和满足相应时段系统调频容量需求值，经电网安全校核，得到各发电单元中标结果和调频价格。

由于各发电单元的调节性能不一，为横向比较各发电单元间的性能差异，交易前，应将发电单元的调频性能综合指标平均值进行归一化处理。

4.8.2.2 服务费的计算

调频辅助服务市场可以仅对调频里程进行补偿；也可以采取"调频容量+调频里程"的补偿方式。其中，调频里程服务费为调频里程与中标价格的乘积。为控制服务费规模，可以考虑设置调节系数，同时通过设置综合性能调节系数，平衡各发电单元的性能差异。

4.8.2.3 服务费的分摊

调频市场服务费按照"谁受益、谁承担"的原则，在市场主体间分摊。初期在发电侧按上网电量占比予以分摊。考虑不同类别市场主体在调频市场中的影响或受益差异，可以分别设置分摊调节系数。随着市场的不断完善，可以将用户纳入，按用电量进行分摊，在用电价格中予以体现。

5 可再生能源消纳

5.1 可再生能源消纳的意义

5.1.1 可再生能源

可再生能源包括水能、太阳能、风能、生物质能、潮汐能、地热能等不需人为参与便可在自然界循环再生的能源。可再生能源是从持续不断地补充的自然过程中得到的能量来源，不会随着其本身的转化和利用而减少，因此也可以说是一种取之不尽、用之不竭的能源。可再生能源是绿色低碳能源，是中国多轮驱动能源供应体系的重要组成部分，对于改善能源结构、增进能源安全、保护生态环境、应对气候变化、实现经济社会可持续发展具有重要意义。

5.1.2 环境保护

化石能源如煤、气、油等在利用过程中会带来严重的环境污染问题，如向大气中排放的二氧化碳会造成温室效应、二氧化硫和氮氧化物会造成酸雨、粉尘颗粒排放物严重影响城市空气质量而伤害人类的呼吸系统和免疫能力等。

可再生能源的利用不会排放温室气体，不会增加环境污染的风险，其建设过程中对环境的影响可以控制在一定的范围之内，是天然的绿色能源。可再生能源的开始利用可以替代煤炭等化石能源的消耗，为打好大气污染防治攻坚战提供了坚强保障。同时通过推动可再生能源利用与种养殖、生态修复相结合，能实现可再生能源开发与生态文明建设协调发展的目标。水利发电修建的水库还可以解决防洪、灌溉、供水、航运等用水需求，具有很高的综合利用效益。

5.1.3 可再生能源利用的现状

随着人们对环境保护、能源短缺及节能、能源安全等问题的日益关注，减

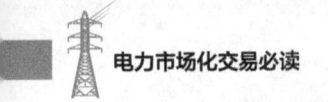

少对进口化石能源的依赖，满足社会发展对可持续性能源的需求，大规模利用可再生能源是解决这些问题的必由之路。进入 21 世纪，随着科技的进步，可再生能源的利用变得不再困难，利用成本大幅下降，利用效率大幅提高，让此类能源对人类更加友好。当前通过合理开发和优化利用水能资源，大规模开发利用风能、太阳能、生物质能等新能源，促进能源清洁低碳转型已成为全球化趋势。

我国已成为世界上最大的能源生产国和消费国，面临着能源需求压力巨大、能源供给制约较多等诸多挑战。我国具有丰富的可再生能源量，具备广阔的发展前景。我国的水电、风电、太阳能光伏发电、生物质发电的开发建设均居世界前列，可再生能源发电技术日趋成熟，经济性不断提高。

我国在可再生能源发电技术的研究与应用上投入了相当大的人力及资金，充分利用各相关学科的最新成果，大大提高了可再生能源发电的效率及可靠性，并行成了有关可再生能源发电的研发、规划、建设、运行、管理与维护、投融资方式、标准及规范、国家扶持政策和消纳保护规定等一整套成熟健全、行之有效的发展体系。

5.1.4　可再生能源消纳

可再生能源消纳涉及电源、电网及用电负荷，涉及电力电量平衡和系统安全稳定等一系列问题。可再生能源消纳存在的困难是其发展的重大瓶颈。

由于降雨在丰枯季节的转换，水能资源具有明显的季节特性，与电网内其他能源的联合优化调度、流域上下游的梯级利用、跨流域的时空补偿决定了水能利用水平的高低。风电和光伏发电随风资源和光资源的变化，均存在较大程度的间歇性和不稳定性。生物质发电随植物生长的更替和企业生产组织的调节，其发电也存在一定的不确定性。可再生能源发电出力调节困难或不可调节，与电力生产和电力消费同时完成的特性存在不友好性，需要火电等其他常规电源、抽水蓄能和储能等辅助服务电源与之联合调节。

风电、光伏等新能源发电是由大量电力电子设备组成的系统，其高度电子化、低转动惯量深刻改变了电源特性，电力系统复杂性不断增加。大规模新能源在故障电压穿越期间的有功、无功响应等特性已成为影响电压、功角甚至频率稳定水平的重要因素；分布式电源的发展使配电网转变成有源网，对用电侧直接造成安全隐患；新能源在频率、电压波动期间容易产生连锁反应，扩大故障影响范围；新能源布点地域分散，其网络信息安全也渐成新的风险点。

可再生能源的消纳水平高低，直接关系到可再生能源的发展和生存，在遵循市场规则下开展的技术创新、管理创新，都成为推动新能源消纳的有力抓手。能源生产侧和消费侧、电力市场机制等都需作出相应调整，以保证可再生能源高质量发展、高效率利用，实现国家能源安全、经济、健康发展。

5.2 可再生能源消纳责任

5.2.1 可再生能源电力消纳责任权重

可再生能源消纳责任权重，是指按省级行政区域对电力消费规定应达到的可再生能源电量比重，可再生能源消纳责任权重包括可再生能源电力总量消纳责任权重（简称总量消纳责任权重）和非水电可再生能源电力消纳责任权重（简称非水电消纳责任权重）。

省级行政区域的可再生能源消纳责任权重分为规定应达到的最低消纳责任权重，和超过最低消纳责任权重一定幅度确定的激励性消纳责任权重。

国务院能源主管部门每年组织有关机构对各省级行政区域可再生能源电力消纳责任权重进行统一测算，经过征求意见、综合论证后下达各省级行政区域当年的可再生能源电力消纳责任权重指标（包括最低消纳责任权重和激励性消纳责任权重）。

5.2.2 可再生能源电力消纳责任的履行方式

可再生能源可以通过三种方式履行电力消纳责任：①购买或自发自用可再生能源电力。各承担消纳责任的市场主体以实际消纳可再生能源电量，完成消纳责任权重。②在电力交易平台上向超额完成年度消纳量的市场主体购买其超额完成的可再生能源电力消纳量（简称超额消纳量），双方自主确定交易或转让价格。③通过绿证交易平台，自愿认购可再生能源绿色电力证书，绿证对应的可再生能源电量等量记为消纳量。

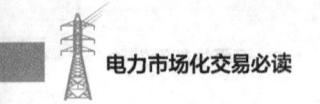

5.2.3 可再生能源电力消纳责任的履行步骤

电网企业全额保障性收购其区域内的可再生能源电量对应消纳量，首先用于完成其自身经营区内居民、农业、重要公用事业和公益性服务、非市场化用电量对应消纳责任权重。如有剩余，电网企业可按照经营区内各其他市场主体（不含未与公用电网联网的拥有自备电厂的企业和独立经营电网企业）购电量或用电量统筹分配剩余的保障性收购电量。通过电力市场购买的可再生能源电量、自发自用的可再生能源电量、替代方式完成的消纳量对应的可再生能源电量（购买其他市场主体超额完成的消纳量、购买可再生能源绿色电力证书对应的消纳量）、电网企业分配的可再生能源电量等合计用于市场主体履行消纳责任权重。所有市场主体统筹履行当年度省级行政区域消纳责任权重，超额消纳量可在全国可再生能源消纳责任权重市场售出。

若统筹消纳履行未能完成省级行政区域当年度消纳责任权重，则采用补充消纳履行补足。按省级行政区域当年度消纳责任权重对应消纳量的缺口，由各市场主体在全国可再生能源电力超额消纳量市场购买超额消纳量或绿证，以补充消纳量缺额，直至完成履行省级行政区域当年度消纳责任权重。

5.2.4 可再生能源电力消纳责任权重完成情况的考核

各省级能源主管部门会同经济运行管理部门负责督促未完成消纳责任的市场主体进行整改，对未按期完成整改的市场主体依法依规予以处理，将其列入不良信用记录，予以联合惩戒；各省级能源主管部门会同经济运行管理部门对省属地方电网企业、配售电公司以及未与公用电网联网的拥有自备电企业的消纳责任实施进行督导考核。通过考核的形式，监督市场主体切实落实再生能源电力消纳责任。可再生能源电力消纳责任权重完成情况的考核分类两个层次：

（1）省级层次，省级能源主管部门负责对消纳责任的市场主体进行考核。

（2）国家层次，国家按省级行政区域进行监测评价。

省级能源主管部门对未完成消纳责任的市场主体督促整改，对逃避消纳社会责任且在规定时间内不按要求进行整改的市场主体，依规列入不良信用记录，纳入失信联合惩戒。国家按年度公布监测评价报告，作为对其能耗"双控"考核的依据。

5.3 可再生能源消纳保障

5.3.1 可再生能源消纳保障机制

可再生能源电力消纳保障机制，指的是通过可再生能源消纳责任权重指标的设置和考核，强制要求省级行政区域中全部电力消费中的可再生能源消纳量比重应达到规定的规模，要求各类市场主体必须承担与其售电量（或用电量）相对应的消纳量，且应达到该主体所在省级行政区域最低可再生能源电力消纳责任权重相对应的消纳量。

可再生能源电力消纳保障机制，就是在电力市场化交易的总体框架下，为落实可再生能源优先利用的法定要求，依法建立强制性市场份额标准。规定各类直接向电力用户供（售）电的电网企业、独立售电公司、拥有配电网运营权的售电公司、通过电力批发市场购电的电力用户和拥有自备电厂的企业等，承担各类消纳主体的可再生能源电力消纳责任。

可再生能源电力消纳保障机制，促使各省级区域优先消纳可再生能源，加快解决弃水弃风弃光问题；促使各省级政府把完成消纳责任权重作为能源发展的重要约束条件，切实调整能源生产和消费结构，扩大可再生能源开发利用量；促使电网企业把接入和消纳可再生能源电力作为电网建设和运行的重要任务，积极扩大可再生能源电力的输送消纳范围；促使各类市场主体公平承担消纳责任，形成可再生能源电力消费引领的长效发展机制。机制的建立和实施将大大提高可再生能源发电在终端的消费比重，激励全社会加大开发利用可再生能源的力度。这对于推动我国能源结构调整，促进可再生能源的开发和利用，构建清洁低碳、安全高效的能源体系具有重要意义。

5.3.2 可再生能源消纳保障的依据

为保障可再生能源消纳，国家建立了可再生能源电力消纳保障机制，为市场主体履行消纳责任和发展可再生能源提供了制度保障。目前可再生能源电力

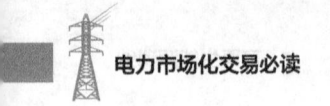

消纳保障工作主要依据是：《国家发展改革委 国家能源局关于建立健全可再生能源电力消纳保障机制的通知》（发改能源〔2019〕807号）、《国家发展改革委 财政部 国家能源局关于试行可再生能源绿色电力证书核发及自愿认购交易制度的通知》（发改能源〔2017〕132号）、《国家发改委办公厅 国家能源局综合司关于印发省级可再生能源电力消纳保障实施方案编制大纲的通知》（发改办能源〔2020〕181号）、国家层面印发的当年可再生能源电力消纳责任权重文件、各省级能源主管部门颁布的当年可再生能源电力消纳保障实施方案等政策文件。

5.4 可再生能源消纳市场交易

5.4.1 可再生能源参与电力市场交易

可再生能源参与多种类型的电力市场交易，按交易时间分有中长期交易、现货交易；按交易地域分有省内交易、省间交易；按交易内容分有电力直接交易、辅助服务交易；按交易品种分有绿色电力交易、源网荷储互动交易；按交易标的物分有电能量交易、发电权交易、发电凭证交易，其中凭证交易有可再生能源超额消纳量交易、绿证交易；等等。

可再生能源参与市场机制的设计需适应新能源尤其是高比例新能源的参与。随着电力市场建设的推进，发用电计划放开和全部工商业用户进入电力市场，新增的市场化电量要求更多的可再生能源进入市场。可再生能源由于边际成本低、政策补贴高，进入市场后常常挤占火电等常规电源的市场空间。而且由于可再生能源的发电不确定性，易造成高占比、高风险的电网运行环境。

因此，在市场机制设计中需要考虑以下五点：

（1）市场规则设计中需要兼顾经济性和安全性。综合考虑可再生能源发电特点，建立适应其发电间歇性的市场化机制，并公平反映灵活性机组的调节效益，平衡好各主体利益，实现市场稳定高效运营。

（2）构建新能源替代常规能源的发电权交易。

（3）健全辅助服务交易。

（4）拓展新型交易品种。开发可再生能源与可调节负荷、储能、电动汽车等新兴市场主体的源网荷储互动交易品种。开展绿色电力交易等体现可再生能源环境价值的交易品种。

（5）构建可再生能源消纳责任权重交易。

5.4.2 可再生能源消纳市场发展趋势

5.4.2.1 常规交易规模逐步扩大

一方面不断扩大省内市场规模，鼓励市场用户与可再生能源优先开展交易。通过事前优先参与交易、事中合同调整交易、事后上下调结算等市场机制，激励可再生能源发电企业积极参与市场。可再生能源发电量通过市场化交易方式实现竞价保量，争取更大发电空间，提高消纳水平。在执行交易结果方面，优先保障可再生能源发电上网，不断促进可再生能源消纳水平的提高。

另一方面不断加强跨省跨区可再生能源输送能力。近年来，随着特高压电网架构的形成，省间和区域间的电能大范围流动成为可能。国家电网充分发挥特高压省间通道资源配置和余缺互济作用，全国大范围组织以可再生能源送出为主的中长期和现货交易，同时健全可再生能源消纳市场交易机制并在实践中不断创新。可再生能源与电能替代用户直接交易、可再生能源替代常规火电的发电权交易、可再生能源替代省内燃煤自备电厂发电交易、可再生能源与火电打捆外送交易等已做到常态化开展。

以湖南为例，随着特高交直流混联电网的建成，湖南可以通过鄂湘联络线受入三峡、葛洲坝电力，通过祁韶直流受入，以甘肃为主的西北新能源，通过雅湖直流受入四川水电。通过优化外购电策略，合理安排省间通道检修计划，季节性分配省间购电电量的比例；通过采取跨月追补、月度增购等交易方式，充分利用省间输电通道剩余容量，加大可再生能源省间交易量；强化省间可再生能源消纳互济，在省内可再生能源消纳困难时，开展应急外送交易、省间现货交易、省间辅助服务交易等与华中区域各省及区外各省协调开展余缺互济，调峰资源共享。多措并举扩大可再生能源消纳范围，提升可再生能源消纳能力，减少弃风弃光弃水，可再生能源消纳规模逐年提高。

5.4.2.2 新型交易品种日渐丰富

随着新型电力系统的建设和全国统一电力市场体系的推进，通过市场化方

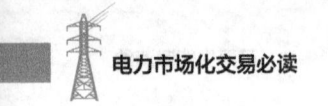

式促进可再生能源消纳，推动电力绿色低碳发展，更多新型的交易品种被提出。辅助服务市场建设全面加快，电力现货交易在试点省份推动运行，电力中长期、现货和辅助服务交易衔接机制逐步完善，容量市场交易机制得到探索。大力开展绿色电力交易试点，鼓励可再生发电主体与电力用户或售电公司签订长期购电协议。推进微电网、分布式电源、储能、充电汽车和负荷聚合新兴市场主体参与电力交易，积极支持分布式发电与同一配电网内电力用户以就近交易的方式参与电力市场。

今后，促进源网荷储一体化和多能互补发展的交易产品将会是一个新的发展方向。通过强化源网荷储各环节间的协调互动，充分挖掘系统灵活性调节能力和需求侧可中断、可调节、可转移负荷资源，有利于开展时空定向的可再生能源精准消纳，有利于提升电力系统整体运行效率和电源开发综合效益，有利于市场各方实现互利共赢。

5.4.3 绿证和绿证交易

绿色电力证书（绿证）是指国家可再生能源信息管理中心按照国家相关管理规定，依据可再生能源上网电量，通过国家能源局可再生能源发电项目信息管理平台，向符合资格的可再生能源发电企业颁发的具有唯一代码标识的电子凭证。

绿色电力证书交易（绿证交易）是指政府对企业的可再生能源发电核发绿证，绿证可以在能源企业间买卖，价格由市场竞争决定。绿证交易在中国绿色电力证书认购交易平台进行。每 1MWh 的结算电量对应 1 个绿证。绿证价格不高于绿证对应电量的可再生能源电价附加资金补贴金额。出售证书后，相应的电量不再享受国家可再生能源电价附加资金的补贴。

可再生能源发电的价值分为电力价值和环境价值两个部分。电力价值体现为可再生能源通过能量转换实现的发电能量的多少和价格的高低，由电能消费者购买后以电费的形式体现；环境价值体现为可再生能源在生产电能过程中保持环境清洁而具有的价值，所有经济社会中的活动者都是受益者。因此可再生能源除了在电能量市场获得电量的收益以外，还将每生产一定数量的绿色电力所获得的绿色电力证书参与凭证交易获得收益，体现出绿色电力在环境保护中高于常规电力的价值补偿。

5.4.4 可再生能源电力超额消纳量交易

5.4.4.1 可再生能源电力超额消纳量交易

可再生能源电力超额消纳量市场化交易（简称超额消纳量交易），是指承担可再生能源电力消纳责任权重的市场主体为完成消纳量要求，向超额完成年度可再生能源电力消纳量的市场主体购买其超额消纳量的交易。

每1MWh超额消纳量生成1个超额消纳凭证，作为超额消纳量交易的标的物。

5.4.4.2 承担可再生能源电力消纳责任的市场成员

市场成员包括市场主体和电力交易机构。市场主体包括各类直接向电力用户供/售电的电网企业、独立售电公司、拥有配电网运营权的售电公司（以下简称配售电公司，包括增量配电项目公司）、通过电力批发市场购电的电力用户和拥有自备电厂的企业。

5.4.4.3 可再生能源电力消纳量

市场主体实际消纳可再生能源电量对应的消纳量按以下部分的进行计算。

（1）通过电力市场购买的可再生能源电量。

1）电网按照可再生能源发电收购要求统一收购可再生能源电量对应的消纳量，首先用于完成居民、农业、重要公用事业和公益性服务、非市场化用电量对应消纳责任的权重任务。如有剩余，电网企业按照各省级政府出台的可再生能源电力消纳保障实施方案，向各市场主体分配剩余的保障性收购电量。

2）电力市场交易的可再生能源电量，按交易结算电量计入对应市场主体的消纳量。

（2）自发自用的可再生能源电量。按电网企业计量的自发自用电量（或经省能源局、省能监办认可），全部计入自发自用市场主体的消纳量。

（3）替代方式完成消纳量。从其他承担消纳责任的市场主体购买的消纳量或购买绿证折算的消纳量计入购买方的消纳量。承担消纳责任的市场主体售出的消纳量，以及出售绿证对应的消纳量，不再计入该市场主体的消纳量。按照

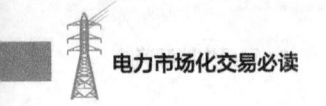

权责对等的原则，免于消纳责任权重考核的农业用电或专用计量的供暖电量对应的消纳量不能用于交易或转让。

市场主体消纳量包括总消纳量、总非水电消纳量、总超额消纳量、非水电超额消纳量。计算公式如下：

$$总消纳量 = 水电消纳量 + 非水电消纳量 + 绿证认购量$$

$$总非水电消纳量 = 非水电消纳量 + 绿证认购量$$

若市场主体的总消纳量与非水电消纳量的比大于最低总消纳责任权重对应消纳量与最低非水电消纳责任权重对应消纳量的比，即：

$$\frac{市场主体的总消纳量}{非水电消纳量} > \frac{最低总消纳责任权重对应消纳量}{最低非水电消纳责任权重对应消纳量}$$

则：

$$\frac{市场主体总超额消纳量}{非水电超额消纳量} = 总消纳量 - \frac{最低总量消纳责任权重对应消纳量}{非水电消纳量} - 最低非水电消纳责任权重对应消纳量$$

反之则不存在总超额消纳量/非水电超额消纳量这一指标。

5.4.4.4 可再生能源电力消纳量交易的开展

超额消纳量交易通过可再生能源电力消纳凭证交易系统开展，交易标的物为超额消纳凭证，分为水电超额消纳凭证交易和非水电超额消纳凭证交易。

市场主体在自身消纳责任权重和所在省级行政区消纳责任权重均完成的前提下，可以向外省市场主体出售超额消纳凭证。若所在省级行政区域消纳责任权重未完成，则该省市场主体只能从外省买入消纳凭证，不能向外省卖出消纳凭证。省内交易先于省间交易开展。省间交易原则上只开展年度交易。

超额消纳凭证交易采用双边协商、集中竞价、挂牌和滚动撮合方式。超额消纳凭证只允许交易一次，成交后不能再次出售。

5.4.5 绿色电力交易

绿色电力交易指以符合国家有关政策要求的风电、光伏等可再生能源发电企业上网电量为标的物的电力中长期交易，用以满足发电企业、售电企业、电力用户等市场主体出售、购买、消费绿色电力需求。绿色电力交易是中长期电力交易中的特殊品种,能够全面反映绿色电力的电能价值和环境价值。电力交易机构是绿色电力交易的组织管理机构,规范开展绿色电力交易,并为购买绿色电力产品的电力用户提供相应的绿色电力消费认证,引导全社会形成主动消费绿色电力的共识与行动,建立清洁能源生产消费的市场机制。

绿色电力交易的产品可逐步扩大到其他新能源和符合条件的水电上网电量。分布式新能源可以聚合方式参与绿色电力交易。绿色电力在电力市场交易、电网调度运行中优先组织、优先安排、优先执行、优先结算。

绿色电力交易分为省内和跨区跨省两类交易组织。各级电力交易中心负责组织开展经营区域内的绿色电力交易,并开展绿色权益划转和绿色电力消费认证工作。绿色电力消费凭证是电力用户消纳绿电的权威证明,统一规则、统一流程、统一认证。

为落实国家"碳达峰、碳中和"重大战略要求,落实传统电力系统向以新能源为主的新型电力系统转型,全力促进经济社会发展绿色转型,以湖南为例,积极开展构建"新能源+电动汽车"融合发展的电力市场绿电交易模式实践。

为实现"新能源车充新能源电",充分发挥电力市场资源优化配置作用,有效降低新能源汽车用电成本,创立"新能源+电动汽车"绿电交易新品种。该品种通过发挥电动汽车用电时间有弹性、用电行为可引导、用电规律可预测、用电方式智能化的特性,设置有针对性的电力市场机制,实现新能源发电与电动汽车充放电高效互动,助力电网从"源随荷动"转变为"荷随源动""源荷互动",促进新能源消纳,提高电网调峰、调频和安全应急响应能力,减少火电、水电等传统电源的调峰压力,提高设备经济运行水平,节约车主用电成本,助力电动汽车产业发展,提高终端用能电气化比例。

为组织好"新能源+电动汽车"绿电交易,湖南电力交易中心具体采取以下四个方面的措施。

5.4.5.1 明确交易主体、交易方式、市场管理、传导方式

(1)明确交易主体,开展多方协作。

1)电力用户:参与绿电交易的电动汽车充电设施运营企业相关要求。供电

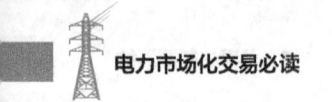

电压等级需要达到 10kV 及以上，需要单独立户计量，具备分时段计量的技术条件，要求接入负荷聚合平台并能依托平台有效实现车网互动，负责将最大收益传导到充电车主。

2）负荷聚合商：需要具备聚合分散电力用户充电负荷的能力。与湖南省充电设施智能服务管理平台互联互通，实现充电数据全管控。能实时接受电网调度指令，实现电动汽车与电网能量互动、移峰填谷。建设的负荷聚合平台的建设须满足中国电力联合会标准《电动汽车充换电服务信息交换》（T/CEC 102.1—2016～T/CEC 102.10—2016）的要求。

3）发电企业：在交易中心完成注册的风电企业。参与交易前需出具《电动汽车绿电交易承诺书》，需根据交易的限额和价差范围及时申报交易电量和价差。

4）售电公司：进入湖南省能源局售电公司准入目录并在交易中心完成注册，代理其电动汽车的充电电量参与绿电交易，收取 0.1 分 /kWh 作为交易代理费，且绿电交易电量纳入售电公司偏差考核范畴。

（2）明确交易方式，确保精准实施。绿电交易方案约定各市场主体应本着平等、自愿、共赢的原则参与。电力用户参与绿电交易前，需与售电公司、电网企业、负荷聚合商完成四方协议的签订，约定四方的责权义。交易中心按照价差优先、申报时间优先的原则和统一边际电价方式进行交易预出清计算，确定发电企业中标电量、价差。绿电交易方案要求发电企业在电量限额、价差范围内申报交易电量和交易价差，若发电企业持留电量（申报电量未达到限额）且用户（售电公司）申报电量未足额成交，交易中心报电力主管部门和监管部门批准，将各风电企业持留电量和限价起始值的 1.2 倍作为发电侧申报电量和价差，用户（售电公司）的未成交申报电量和价差作为用户侧申报数据，进行二次出清计算，确保交易电量全部成交。

（3）明确市场管理，确保规范开展。对于申请参与绿电交易的市场主体，交易中心明确注册要求和流程，提供《负荷聚合商注册指南》及相关材料模板，充分秉承"自主自愿、自由选择"的原则，指导相关市场主体完成注册。交易中心将交易合同列入发电企业月度交易计划，省电力公司合理安排电网运行方式，优先消纳绿电交易电量。电力用户、发电企业和售电公司均按月结算，交易中心负责出具结算依据，省电力公司负责电费管理，向用户收取全部电费，

并按照交易合同及结果向相关市场主体支付市场交易电费。同时绿电交易合同纳入售电公司偏差考核范畴。

（4）明确传导方式，确保各方红利。绿电交易方案明确规定市场各方的合理价差受益范围。售电公司按规定额度收取交易代理费，充电设施运营企业获得绿电交易价差收益不低于85%，其中传导到电动汽车车主收益不低于60%。负荷聚合商收取绿电交易价差收益不高于15%，作为平台运营服务费。

5.4.5.2 通过资源聚合，引入新型市场主体

（1）聚合充电运营企业，发挥聚合负荷商资源集约作用。电动汽车充电负荷资源单个响应功率小、数量众多、随机性强，若直接入市参与电力市场交易，不仅调节和管理成本高，响应互动效果也不明显，只有将零散的充放电负荷有机聚合后才可发挥更大互动效应。在电力市场改革的背景下，负荷聚合商是以整合用户负荷响应需求来达到响应电网调度需求响应指令的新型市场主体，为中小负荷主体参与市场交易提供便捷，并通过专业的技术手段充分挖掘负荷资源和调节潜力，提供市场需要的辅助服务产品，深度参与"源荷互动"、现货市场和电力辅助服务市场等能源服务。

（2）聚合离散充电负荷，实现车网线上互动响应。为了使电动汽车充电负荷更好的发挥聚合规模效应，负荷聚合商搭建负荷聚合平台，与充电运营商平台互通，将分散在省内的充电负荷有效的聚合，对充电负荷进行运营监控及负荷调控。根据电网调度的负荷响应需求，通过充电负荷调节实现移峰填谷。通过负荷聚合商实现车网互动，加之以合理、有效的电力市场政策引导新能源汽车有序充电，尤其是引导和鼓励其在谷段充电，有效避开高峰时段用电，实现新能源定向消纳，在降低电动汽车充电成本的同时助推电网移峰填谷。

5.4.5.3 强化平台互通，实现交易流程线上流转

（1）响应电网调度指令，实现车网互动。通过电网调度系统和负荷聚合平台的数据互联互通，实现高弹性充电服务网络与电网调度系统规模化联动，充分发挥调度控制中心和负荷聚合商的资源优势。在不改变电网物理形态的前提下，充分利用充电汽车这种可调节负荷，通过电网调度指令，实时调用可调节充电负荷进行移峰填谷，优化电网运行方式。通过绿电交易方案的实施和应用，

不断挖掘负荷侧灵活调节资源，推动负荷侧资源参与电网调峰，真正实现"源荷互动"。

（2）依托电力交易平台，高效清分结算。通过价格引导，将谷段市场化降价幅度适度提高，引导充电设施运营商参与移峰填谷。电网企业通过远程采集系统和计量装置将绿电用户谷段电量准确抄录传递至电力交易平台，交易中心汇总结算各类售电公司绿电交易电量和绿电交易合同电量，经过交易平台计算得出相关市场主体的结算结果。再通过交易平台，及时、准确将绿电交易结算情况提供给售电公司、负荷聚合商、发电企业等各类市场主体。

（3）打通政府平台通道，开展过程监管。在湖南省能源局的指导下，建立湖南省充电设施智能服务管理平台，整合湖南省电动汽车充电服务资源，通过"云""网""端"互通，为政府提供充电设施规划、行业监管、政策发布等应用支撑；为运营商规范化建设运营、科学布局提供指导；为公众充电便捷应用、投诉反馈问题提供渠道，建立电动汽车公共服务生态圈，推动全省新能源汽车产业科学、有序、健康发展。基于湖南省充电设施智能服务管理平台打造 App 应用，实现全省充电服务平台的互联互通，提供新能源车主便捷查询充电站点位置状态、实时价格等信息，将绿电交易价格、时间等信息通过 App 及时推送至用户，让更多的新能源车主享受市场红利。通过负荷聚合平台与政府智能服务平台的数据互通，能有效保障市场红利传导的政府监管力度，不仅能提高负荷聚合平台的公正性，而且能确保充电设施运营企业和终端电动汽车车主及时享受市场红利。湖南省充电设施智能服务管理平台和交易平台定期披露绿电交易和结算情况，开展全过程的监督和评价，营造良好的市场氛围。

5.4.5.4 提升服务，确保改革红利传导到位

（1）开展交易政策宣传，形成正面良好效应。举行了电动汽车绿电交易产品发布会，邀请政府主管部门、能源监管部门、市场管委会委员及相关市场主体参加发布会，在主流媒体进行了专题报道。一系列的宣传为绿电交易的顺利开展打下夯实基础。

（2）坚持以客户为中心，提供市场交易保障。简化市场注册审批流程，建立"告知制、问询责任制、限时办结制"等一系列服务制度，优化线上业务办

理，实现客户"一次都不跑"，持续性地开展市场主体入市注册服务。积极向市场主体开展绿电交易相关培训。通过线上、线下多种形式解读市场形势、交易规则、平台应用、交易结算等专业问题，指导各类市场主体参加绿电交易，确保绿电交易政策应知尽知。

（3）精心组织绿电交易，优化配置市场资源。确保发电企业在电量限额、价差范围内及时申报交易电量和价差，促进绿电交易全电量成交。将成交的绿电交易合同电量列入参与绿电的发电企业月底交易计划，通知调控中心合理安排电网运行方式，保障其优先消纳。根据成交的绿电交易电量和用户的谷段的用电量计算绿电交易电费，做到月清月结，及时准确将交易收益传导至相关市场主体。

（4）服务电动汽车用户，促进产业快速发展。《湖南省人民政府办公厅关于加快电动汽车充（换）电基础设施的实施意见》（湘政办发〔2021〕4号）明确了长株潭都市圈公共充电桩与电动汽车比例达到国内先进水平，城市核心区公共充电设施服务半径小于1km；其他市州城市核心公共充电设施服务半径小于2km；高速公路和国省干线充电站间隔少于50km。2025年底，全省充电设施保有量达到40万个以上，保障全省电动汽车出行和省外过境电动汽车充电需求。依托绿电交易政策，通过市场化降价手段，将改革红利直接传导到新能源汽车车主，促进新能源汽车及其相关产业快速高质量发展。

6 电力交易结算

6.1 结算基本流程

电力交易机构负责向市场主体出具结算依据,市场主体根据相关规则进行电费资金结算。其中,跨省跨区交易原则上由组织该交易的电力交易机构会同送受端电力交易机构向市场主体出具结算依据;合同转让交易由电力交易机构分别向出让方和受让方出具结算依据。电力交易机构向各市场成员提供的结算依据包括但不限于:实际结算电量;各类分时段交易合同(含优先发电合同、市场交易合同)电量、电价和电费;分时段上下调电量、电价和电费,偏差电量、电价和电费,分摊的结算资金差额或者盈余等信息;发电企业新机组调试电量、电价、电费;辅助服务费用;电网企业代理购电结算依据(含分时段交易合同电量、电价和电费,偏差费用等);接受售电公司委托出具的零售交易结算依据。

一般来说,电力市场交易结算的基本流程包括 7 个环节:计量采集数据获取;数据核对;合同分解;形成预结算单并发布;收集反馈意见并核实;形成正式结算单;审批、签字、盖章、发布、存档。

6.2 结算计量

6.2.1 计量点

电网企业应根据市场运行需要为市场主体安装符合技术规范的分时段计量装置。计量装置原则上安装在产权分界点,产权分界点无法安装计量装置的,在计算电量时考虑相应的变(线)损。电网企业应当在跨省跨区输电线路两端安装符合技术规范的分时段计量装置,跨省跨区交易均应明确其结算对应分时段计量点。

计量周期和抄表时间应当保证最小交易周期的分时段结算需要，保证计量数据准确、完整，按自然月购售同期抄表结算。

对于发电企业、跨区跨省交易送受端，同一计量点应安装同型号、同规格、同精度的分时段主、副电能表各一套，主、副表应有明确标志。正常情况下，计量点电量以主表的数据作为依据，副表的数据用于对主表数据进行核对或在主表发生故障或因故退出运行时，代替主表计量。电力用户可根据实际情况配置必要的计量装置。如果结算关口计量点主、副表均异常，则电量按对侧表计分时段数据确定。对其他异常情况，可根据失压记录、失压计时等设备提供的信息，发电企业和电网企业在充分协商的基础上确定异常期内的电量。

发电企业月度上网电量以上网计量关口电能表每月最后一天 24:00 时的当月表码分时段计量数据为依据。当月该发电企业发电上网电量与用电下网电量（以下简称抄见电量）须经发电企业和电网企业下属市供电公司共同核算、确认。

多台发电机组共用计量点且无法拆分，各发电机组需分别结算时，按照每台机组的实际发电量等比例计算各自分时段上网电量。对于风电、光伏发电企业处于相同运行状态的不同项目批次共用计量点的机组，可按照额定容量比例计算各自分时段上网电量。处于调试期的机组，如果和其他机组共用计量点，按照机组调试期的发电量等比例拆分共用计量点的分时段上网电量，确定调试期的分时段上网电量。

电网企业应按照电力市场结算要求定期抄录发电企业（机组）和电力用户电能计量分时段装置数据，并提交电力交易机构。当出现计量数据存在异议时，由具有相应资质的电能计量检测机构确认并出具报告，结算电量由电网企业组织相关市场主体协商解决。协商无法达成一致时，可申请能源监管办和政府有关部门协调、裁决。

6.2.2 计量采集

电网企业应按照电力市场分时段结算要求定期抄录发电企业（机组）和电力用户电能计量装置数据，并提交电力交易机构。当计量数据存在异议时，由

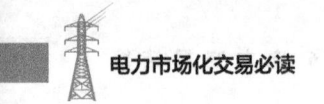

具有相应资质的电能计量检测机构确认并出具报告，结算电量由电网企业组织相关市场主体协商解决。协商无法达成一致时，可申请能源监管办和政府有关部门协调、裁决。

6.2.2.1　发电企业计量数据采集和抄报流程

（1）月度分时段上网电量以上网计量关口电能表每月最后一天24:00时的当月表码分时段计量数据为依据。当月该发电企业发电上网电量与用电下网电量须经发电企业和电网企业下属市供电公司共同核算、确认。

（2）正常情况下，月度分时段上网电量以关口电能量主表的数据作为依据，副表的数据用于对主表数据进行核对或在主表发生故障或因故退出运行时，代替主表计量。

（3）凡具备远方采集电量数据条件的，均应以远方采集系统采集的分时段电量数据作为结算依据。若暂不具备远方采集电量数据条件，或主站管理系统出现问题影响结算数据正确性时，则以现场抄录分时段数据为准。

（4）如果结算关口计量点主、副表均异常，则抄见电量按对侧表计分时段数据确定。对其他异常情况，可根据失压记录、失压计时等设备提供的信息，双方在充分协商的基础上确定异常期内的电量。

（5）电网企业电能采集装置管理部门每月1日16:00前完成上月分时段上网电量数据的采集、计算和报送；发电企业和电网企业下属市供电公司应在每月2日前完成上月分时段上网电量的抄录和确认。

（6）发电企业分时段上网电量数据通过电力交易平台或纸质件的形式于每月2日前报电力交易机构。如电力交易平台故障，可采用电子邮件或者传真方式报送；纸质件必须由发电企业及被授权的电网企业下属市供电公司共同确认，并签字、盖章后，将原件送至电力交易机构。抄报单位应保证报送的纸质件数据与系统报送的数据一致。如发电企业未按时报送电能量抄见单纸质件，电力交易机构可对其暂缓结算。

6.2.2.2　发电企业计量数据核对与调整流程

（1）发电企业的交易结算分时段电量（以下简称结算电量）以发电企业每月上网计量关口分时段抄见电量数据为依据。电力交易机构应依据发电企业的各类交易合同和供用电协议的约定进行分类、核对、结算，并于每月初3个工作日内完成分类统计。

（2）抄见电量数据与发电企业上报数据之间差值超过相当于该关口电能量计量表倍率值2%的电能量值时，电力交易机构应通知相应发电企业及相关部门核实和取证，如能提供合理证据，发电企业及相关部门均应据此进行结算电量调整。

（3）当发电企业或电网企业的任一方发现电能计量装置异常或出现故障而影响电能计量时，应立即通知对方和双方认可的经国家计量管理部门授权的计量检测机构，共同排查问题，尽快恢复正常计量。

（4）电力交易机构应在每月月初5个工作日内向市场主体发布结算依据。市场主体如有异议，应在1个工作日内向电力交易机构提出；逾期未提出的，视为无异议。

6.3 发电企业结算

6.3.1 发电企业注意事项

发电企业电费结算原则上每月结算一次，按月清算。在首次结算前，发电企业需与电网企业签订购售电合同，并于省级电力交易平台（以下简称交易平台）完成市场主体注册流程。发电企业需向电网企业提供发电企业基础信息、增值税专用发票信息、电费结算银行账户备案等相关信息，纸质件加盖公章后，提交至电网企业财务部门，便于电网企业财务部门建立财务信息台账，为发电企业交易电费资金结算做准备。发电企业机组并网前需告知电力交易机构于交易平台生成相关业务单元。

发电企业每月1日需在交易平台填报上月分时段抄见电量，如遇交易平台故障，可采用电子邮件或传真方式报送。发电企业应于每月15日前将上月电能量抄见单纸质件送至电力交易机构，纸质件应由发电企业及被授权的电网企业下属市/县供电公司共同确认，签字、盖章后将原件送至电力交易机构。抄报单位应保证报送的纸质件数据与交易平台报送的数据一致。如发电企业未按时报送电能量抄见单纸质件，电力交易机构可对其暂缓结算。

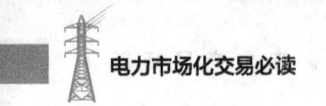

电网企业抄录的电能计量分时段装置数据与发电企业上报数据之间差值超过相当于该关口电能量计量表倍率值2%的电能量值时，电力交易机构应通知相应发电企业及相关部门核实和取证，如能提供合理证据，发电企业及相关部门均应据此进行结算电量调整。

当发电企业或电网企业的任一方发现电能计量装置异常或因出现故障而影响电能计量时，应立即通知对方，并由双方认可的经国家计量管理部门授权的计量检测机构共同排查问题，尽快恢复正常计量。

发电企业可登录交易平台查询到自己的结算信息。在电力交易平台"我的结算"中的"结算结果查询及确认"菜单，选择对应的结算周期查询、下载结算单、清算单等电子文档。发电企业应在预结算单、预清算单发布后登录交易平台进行核对确认。如有异议，应在1个工作日内向电力交易机构提出，逾期未提出的，视为无异议。

6.3.2 火电企业结算

每月1日16:00前，电力调度机构向电力交易机构提供每个燃煤公用火电企业（含煤矸石发电企业）因自身原因（包括设备故障、非计划停运、因计划检修而未被安全校核、缺煤或煤质差、不服从调度命令等）导致的少发电量和超发电量，以及详细说明。

对于可以参与预挂牌上下调招标交易的燃煤公用火电企业，当月的分时段结算电量按照以下顺序进行结算计算：

（1）按日清分电量的月内（多日）市场交易合同；

（2）按月结算的月度（含年度、月内多日）市场交易合同；

（3）超发电量（自身原因造成的多发电量）；

（4）上调电量。

如果火电企业非自身原因少发未完成市场交易合同，视为提供了下调减发服务，获得下调补偿费；自身原因造成的少发电量将被考核。

火电企业的交易电费由日清分合同结算电费、月度合同结算电费、超发电量结算电费、超发电量考核电费、上调结算电费、下调补偿电费、少发电量考核电费、负偏差电费组成。对于火电企业，电费为正数表示收入，负数表示支出。

火电企业结算以下部分分别按尖、峰、平、谷四时段分时段计算。

首先结算日清分合同结算电费。取出火电企业在结算月所有月内短期合同的日清分结果（电量、电价数据），计算日清分电量之和，根据日清分电量及市场交易价格计算月内短期合同的日清分电量加权平均价，根据日清分电量及交易价差计算日清分电量加权平均价差。日清分合同结算电费为所有日清分电量与对应市场交易价格乘积之和。

下一步对火电企业剩余上网电量进行月度合同电费结算。取出火电企业在结算月的所有按月结算的月度（年度）市场化电能交易合同，计算月度（年度）合同电量之和（含年度市场交易合同分月电量，加减受转让等合同电量）；根据每个合同的电量及市场交易价格计算合同电量加权平均价；根据每个合同的电量及交易价差计算合同电量加权平均价差。

当火电企业剩余上网电量小于当月应结算的月度市场合同电量时，月度合同结算电费等于剩余上网电量乘以其市场合同加权平均价。下调减发电量按其预挂牌下调补偿价格结算，即下调补偿电费。如该火电企业未参与分时段下调预挂牌交易申报，其下调电量按照同类型电源强制下调补偿价格（取当月同类型电源所有下调报价的最低价与当月市场交易加权均价的10%二者之中的较小值，若无下调报价则视为下调补偿价格为0）结算。因自身原因导致的少发电量不予补偿，火电企业应承担相应的合同价差电费损失，需支付负偏差电费，并按燃煤发电基准价的10%支付少发电量考核电费。

当火电企业剩余上网电量大于当月应结算的月度市场合同电量时，月度合同结算电费等于各项合同电量与对应市场交易价格乘积之和。火电企业因自身原因多发导致的超发电量按其燃煤发电基准价结算，即超发电量结算电费，并按燃煤发电基准价的15%支付超发电量考核电费。火电企业实际上网电量扣减日清分合同电量、月度合同电量、自身原因超发电量后的电量视为上调电量，按其预挂牌上调价格结算，即上调结算电费。如未参与上调预挂牌交易申报，其上调电量按照同类型电源强制上调价格（按当月同类型电源所有上调报价的最小值或燃煤发电基准价的85%）结算。

月内同时段既提供上调服务又提供下调服务的发电企业，以同时段互抵后的净值作为月度该时段上调电量或下调电量进行结算。

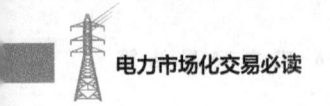

超发、少发电量在执行上述中长期考核补偿结算的同时，"两个细则"考核补偿、辅助服务市场并行实施。

6.3.3 可再生能源发电企业结算

对于有优先计划的可再生能源发电企业，当月的结算电量按照以下顺序进行结算计算：

（1）按日清分的月内短期市场交易合同；

（2）按月结算的月度（含年度、月内）市场交易合同；

（3）优先发电量。

对于无优先计划的可再生能源发电企业，当月的结算电量按照以下顺序进行结算计算：

（1）按日清分的月内短期市场交易合同；

（2）按月结算的月度（含年度、月内）市场交易合同；

（3）上调电量。

如果可再生能源发电企业非自身原因少发未完成市场交易合同，视为提供了下调减发服务，获得下调补偿费。

可再生能源发电企业的交易电费由日清分合同结算电费、月度合同结算电费、优先电量结算电费、上调结算电费、下调补偿电费、负偏差电费组成。对于可再生能源发电企业，电费为正数表示收入，负数表示支出。

可再生能源发电企业结算以下部分分别按尖、峰、平、谷四时段分时段计算。

首先结算日清分合同结算电费。取出可再生能源发电企业在结算月所有月内短期合同的日清分结果（电量、电价数据），计算日清分电量之和；根据日清分电量及市场交易价格计算月内短期合同的日清分电量加权平均价；根据日清分电量及交易价差计算日清分电量加权平均价差。日清分合同结算电费为所有日清分电量与对应市场交易价格乘积之和。

下一步对可再生能源发电企业剩余上网电量进行月度合同电费结算。取出可再生能源发电企业在结算月的所有按月结算的月度（年度）市场化电能交易合同，计算月度（年度）合同电量之和（含年度市场交易合同分月电量，加减受转让等合同电量），根据每个合同的电量及市场交易价格计算合同电量加权平均价，根据每个合同的电量及交易价差计算合同电量加权平均价差。

当可再生能源发电企业剩余上网电量小于当月应结算的月度市场合同电量时，月度合同结算电费等于剩余上网电量乘以其市场合同加权平均价。下调减发电量按其预挂牌下调补偿价格结算，即下调补偿电费。如该可再生能源发电企业未参与分时段下调预挂牌交易申报，其下调电量按照同类型电源强制下调补偿价格（取当月同类型电源所有下调报价的最低价与当月市场交易加权均价的10%二者之中的较小值，若无下调报价则视为下调补偿价格为0）结算。因自身原因导致的少发电量不予补偿，可再生能源发电企业应承担相应的合同价差电费损失，需支付负偏差电费。

当可再生能源发电企业剩余上网电量大于当月应结算的月度市场合同电量时，月度合同结算电费等于各项合同电量与对应市场交易价格乘积之和。然后按政府批复上网电价结算保障优先用电的上网电量，即优先电量结算电费。可再生能源发电企业实际上网电量扣减日清分合同电量、月度合同电量、优先结算电量后的电量视为上调电量，按其预挂牌上调价格结算，即上调结算电费。如未参与上调预挂牌交易申报，其上调电量按照同类型电源强制上调价格（取当月同类型电源上调申报最低价与燃煤火电基准价的85%二者之中的较小值）结算。

6.4 售电公司结算

6.4.1 售电企业注意事项

售电公司电费结算原则上每月结算一次，按月清算。在首次开展结算前，售电公司需向电网企业提供售电公司基础信息、增值税专用发票信息、电费结算银行账户备案等相关信息，加盖公章后，提交至电网企业财务部门，便于电网公司财务部门建立财务信息台账，为售电公司交易电费资金结算做准备。

售电公司可登录省级电力交易平台查询到自己的结算单信息。在电力交易平台中"我的结算"的"结算结果查询及确认"菜单，选择对应的结算周期查询、下载结算单电子文档。售电公司收到电费结算依据后，应进行核对确认。若有异议，应在1个工作日之内向电力交易机构提出，逾期未提出的，视为无

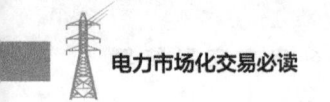

异议。售电公司收到已签章市场化交易结算单后，联系其注册所在地的（地市级）电网企业财务部，相互核对结算结果，核对无误后，开具增值税专用发票，办理资金收付清算。交易结算结果为正时，由电网企业向售电公司开具增值税专用发票；交易结算结果为负时，由售电公司向电网企业开具增值税专用发票。原则上，售电公司应在交易机构发布已签章的结算单后的10个工作日内完成交易电费的收付工作。

售电公司与其代理的零售用户正式开始结算须同时满足以下三个条件：①与零售用户在交易平台确立零售服务关系，生成唯一的绑定关系；②零售用户结算单元信息完整且有效；③电网企业营销部门能成功采集和传递零售用户正确的市场化电量至交易平台。售电公司在申报零售用户价差前，应认真核对待申报零售用户明细，是否与当月已代理用户明细一致，核对一致后，与零售用户在申报范围内协商确定，再由售电公司登录交易平台填报、零售用户在规定时限内对售电公司填报的价差予以确认。如果售电公司未及时填报交易价差，按该售电公司当月批发市场购电合同均价差与最低代理服务费之和认定用户零售价差；如果售电公司按要求填报了交易价差，而零售用户未及时确认交易价差，视为零售用户无异议，按售电公司填报的交易价差进行计算。

由于政府下达停产限产通知、有序用电、电网运行方式调整、抄表例日变更、三方协议签订延误或错误、不可抗力等原因导致售电公司产生或增加了偏差考核电量的，可根据售电公司的申请和有权部门的有效证明文件调整核减偏差考核电量、电费。原则上，售电公司的偏差电量核减申请及相关证明材料须在当月售电公司结算工作开始之前（即每月1日前）提交给电力交易机构，逾期不予受理。

6.4.2 售电公司交易电费结算

售电公司的交易电费由购电合同价差电费、零售用户价差电费、偏差电费组成。购电价差电费为售电公司结算周期对应的所有有效购电交易合同（含年度合同分解到月）电量乘以对应交易合同的价差之和。零售用户价差电费为零售用户结算周期对应的市场化用电量（大工业、一般工商业类别的用电量）乘以当月已认定的零售价差。售电公司购电合同电量为结算周期对应的所有有效购电交易合同（含年度合同分解到月）电量之和，包括双边协商、集中竞价、挂牌及转让交易电量。售电公司用电量为结算周期内与其绑定购售电关系的所有零售用户的市场化用电量（大工业、一般工商业类别的用电量）之和。

售电公司用电量基于购电合同电量的偏差，称为偏差电量。偏差电量分为两部分，一部分是 ±3%（含）以内的偏差电量，另一部分是超出 ±3% 以上的偏差电量。偏差电费的计算环节引入 K 值调节系数，其中正偏差考核调节系数 K_1 的取值范围为 1.0~1.5，负偏差考核调节系数 K_2 的取值范围为 0.1~1.5。K_1、K_2 的确定由电力交易机构测算后提出建议值，经市场管理委员会讨论，报电力市场监管部门批准后执行。计算偏差电费时，±3%（含）以内的偏差电量，按合同加权平均价结算，免于考核；超出 3% 以上的正偏差电量，按该结算周期内的市场上调均价的 K_1 倍与燃煤发电基准价的差值进行结算；超出 −3% 以上的负偏差电量，按售电公司该结算周期内的购电合同均价差与市场下调均价的 K_2 倍的差值进行结算。±3%（含）以内的偏差电量产生的偏差电费和超出 ±3% 以上的偏差电量产生的偏差电费为售电公司总偏差电费。售电公司偏差电费计入售电公司交易电费的同时，纳入批发市场清算范畴。

6.5 电力用户结算

6.5.1 电力用户注意事项

（1）电压等级在 35kV 及以上的准入电力用户可以选择参与批发市场交易，直接向发电企业购电；也可选择参与零售市场交易，向售电公司购电，但两种方式同期只能选择其一。10kV 及以下电压等级的准入用户原则上不能直接参与批发市场交易，只能选择零售市场交易向售电公司购电。

（2）电力用户的电量电费结算由电力交易机构和电网企业营销部门共同完成。电力用户参与市场交易后，基本电费、峰谷分时电费、功率因数调整电费不发生变化，仍继续执行价格主管部门相关政策。电费交纳方式不发生变化，仍交纳至原供电单位。

（3）结算主体。电力用户的结算以电网企业营销系统中的用电用户号为结算主体，同一法人在多个用电地址通过多个用电用户号用电的，应分别单独结

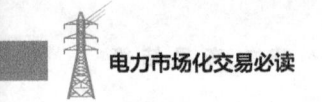

算。对于批发市场电力用户，同一法人、同一用电地址、同一抄表例日的多个用电用户号的电量可以合并参与直接交易、计算偏差电量。

（4）结算周期。电力用户原则上每月结算一次。新装的直接交易用户应在送电归档后的第一个结算周期进行市场化交易结算；未参加市场的用户申请参加市场化交易的，应在市场准入、注册后的下一个结算周期进行市场化交易结算。

（5）结算例日。电力用户的结算例日与电网企业对其进行抄表结算的例日相同，自上月抄表例日 0 点至本抄表例日前一天 24 时记为一个结算周期。

（6）结算时限。电力用户结算应严格执行结算例日，并按规定时限完成，不得跨抄表结算周期。

6.5.2 批发市场电力用户结算

6.5.2.1 概述

批发市场电力用户是指电压等级 35kV 及以上、选择参与批发市场交易直接向发电企业购电的电力用户是批发市场电力用户。

批发市场电力用户完成注册后，确保在待结算月签订《批发市场电能交易合同》，在电力交易机构有正确的结算单元，在电网营销部门有正确的市场化关系：

批发市场电力用户电费 = 市场交易电费 + 新增损益 + 输配电费 + 基本电费 + 分时电费 + 力调电费 + 辅助服务费用 + 政府性基金及附加电费

其中：

市场交易电费 = 交易合同电费 + 偏差电费

批发市场电力用户与某一电厂成交的合同电量乘以合同价格（交易价差 + 燃煤发电基准价）等于该笔合同的合同电费。批发市场电力用户的合同电费等于结算月成交的各个合同电费之和。

6.5.2.2 结算步骤

（1）电网企业营销部门按分时段抄表。

（2）电网企业营销部门计算用户的市场化分时段用电量。

（3）电力交易机构和电网企业营销部门共同完成批发市场电力用户的电费计算。其中，电力交易机构负责市场交易电费（含交易合同电费、偏差电费）计算；电网企业营销部门计算用户的新增损益、输配电费、基本电费、分时电费、力调电费、政府性基金及附加电费，汇总辅助服务费用后发行用户当月电费。对于电力用户，电费为正数表示向用户收费，负数表示向用户退费。

（4）批发市场电力用户的市场分时段交易电费计算过程分为：①根据批发市场电力用户的市场化交易合同，按照中长期电力交易实施细则算法计算合同电费；②根据批发市场电力用户的分时段实际用电量和分时段交易合同，计算分时段偏差电费；③将分时段合同电费和分时段偏差电费相加形成市场分时段交易电费。

6.5.2.3 市场交易电费计算

1. 合同电费计算

批发市场电力用户与某一电厂成交的分时段合同电量乘以分时段合同价格等于该笔合同的分时段合同电费。批发市场电力用户的分时段合同电费等于结算月成交的各笔分时段合同电费之和。当批发市场电力用户无市场化交易合同时，则认为该用户的合同电量、合同电费均为0，按照规则进行偏差结算。

2. 偏差电费计算

批发市场电力用户的偏差电量为实际用电量与合同总电量的差值，分为两部分：①偏差考核范围以内的偏差1电量，均按批发市场电力用户当月的合同均价计算电费；②偏差考核范围以外的偏差电量偏差2电量，正偏差电量根据当月市场上调均价、用户正偏差考核系数 K_1 计算偏差电费，负偏差电量按照当月市场下调补偿均价、用户负偏差考核系数 K_2 计算偏差电费。偏差考核范围、K_1、K_2 的取值范围由电力交易机构测算并提出建议值，经省电力市场管理委员会讨论，报政府主管部门和电力监管机构批准后执行。具体算法如下：

$$偏差电费 = 偏差1电费 + 偏差2电费$$

$$偏差2电费 = 上调偏差2电费 + 下调偏差2电费$$

$$偏差1电费 = 偏差1电量 \times 批发市场电力用户当月合同均价$$

$$上调偏差2电费 = 上调偏差2电量 \times 当月市场上调均价 \times K_1$$

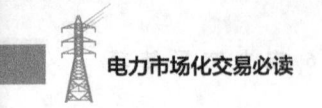

下调偏差 2 电费 = 下调偏差 2 电量 ×（批发市场电力用户当月合同均价 −
　　　　　　　　当月市场下调均价 $\times K_2$）

批发市场电力用户月度偏差考核设置度电偏差考核费用上限。以湖南为例，正偏差电量度电考核费用不超过月度交易平均价差的 1.5 倍；负偏差电量度电考核费用不超过月度交易平均价差的 4 倍。

3. 清算电费计算

批发市场电力用户偏差考核范围（含）以内的偏差电量价差电费（$C_{m偏差价差1}$）仅用于市场电费清算：

$C_{m偏差价差1}$ = 偏差考核范围（含）以内的偏差电量 × 市场合同平均价差

批发市场电力用户偏差考核范围以外的偏差电量清算电费（$C_{m偏差2清算}$）仅用于市场电费清算：

$C_{m正偏差2清算}$ = 偏差考核范围以外的偏差电量 ×（市场上调均价 $\times K_1$ −
　　　　　　　　燃煤发电基准价）

$C_{m负偏差2清算}$ = 偏差考核范围以外的偏差电量 ×（市场合同平均价差 −
　　　　　　　　市场下调均价 $\times K_2$）

4. 调整或核减偏差考核

当出现政府下达停产、限产通知；有序用电、电网运行方式调整、抄表例日变更；市场化零售三方协议签订延误或错误；不可抗力因素；政府主管部门和电力监管机构认定的其他事项这类情况时，导致的用户偏差考核范围以外的偏差考核电量，可根据批发市场电力用户的申请和有权部门的有效证明文件核减偏差考核电量。

原则上，批发市场电力用户向电力交易机构递交偏差考核电量电费调整申请，详细说明申请调整事项、调整依据及调整月份，并按要求提供相关证明材料。

6.5.3　零售交易用户结算

6.5.3.1　基本概念

零售用户是选择参与零售市场交易向售电公司购电的电力用户。

零售用户完成注册后，确保有正确的结算单元和正确的市场化关系。零售用户和售电公司按时完成价差申报和确认。零售用户电费为：

零售用户电费＝零售交易电费＋新增损益＋输配电费＋基本电费＋

分时电费＋力调电费＋辅助服务费用＋政府性基金及附加电费

其中：

零售交易电费＝零售交易电价×市场化交易电量

零售交易电价＝燃煤发电基准价＋交易价差

6.5.3.2 结算内容

电力交易机构和电网企业营销部门共同完成批发市场电力用户的电费计算，其中，电力交易机构负责市场交易电费（含交易合同电费、偏差电费）计算，电网企业营销部门计算用户的新增损益、输配电费、基本电费、分时电费、力调电费、政府性基金及附加电费，汇总辅助服务费用后发行用户当月电费。对于电力用户，电费为正数表示向用户收费，负数表示向用户退费。

6.5.3.3 其他事项

1. 电费争议及电费退补

若遇电费争议，市场化用户先按原计算结果交纳电费，待争议解决后进行退补处理。

电力交易机构协同电网营销部门对应抄表、计量、计算等原因造成的电量电费差错进行审核，并按照差错实际发生时间及所执行电价重新计算和退补。

2. 信息查询

零售用户使用对应的账号登录电力交易平台，进入"我的结算"中的"用户用电计划值确认"菜单，选择对应月份即可查询自己的价差及计划信息。

3. 系统交互

（1）新增户号交互。新增户号时，电力用户在电网营销办理业务完成后，需在同一抄表周期内至电力交易平台办理新增用电单元业务。若零售用户在交易平台调取用户计量点失败，并提示"存在在途的抄核流程"，表示对应的零售用户在营销系统存在在途的抄核流程，若零售用户需要增减计量点后才能使该用户电费计算正确，则应该先终止对应在途的抄核流程，再完成增减计量点后进行抄核流程。

（2）用电信息交互。已生效用户（户号）发生并户、销户或者用电类别、电压等级等用电信息变更时，电力用户应先在电网营销办理变更业务，变更信息由营销系统同步至电力交易平台。

（3）结算数据交互。电网企业按照电力市场结算要求定期抄录电力用户电能计量装置数据，并提交电力交易机构，再由电力交易机构出具市场化用户的结算依据。

6.5.4　代理购电电网企业结算

代理购电电网企业原则上每月结算一次，按月清算。电力交易机构在收到电网企业营销部门的代理购电用户电量电费结算数据后，在规定时间内完成电网企业代理购电电量电费计算，并出具结算单。代理购电电网企业结算与市场主体执行统一的市场规则，其中代理购电偏差电量的偏差电价暂按合同均价结算。如国家和省级有新的规定，按新规定执行。电网企业代理购电的偏差考核范围（含）以内的偏差电量电费和偏差考核范围以外的偏差电量电费纳入清算范畴。电网企业代理购电偏差电量产生的偏差费用由代理购电用户共同承担。

6.6　清　　算

6.6.1　清算内容

每月发电企业、电力用户、售电公司和电网企业代理购电的交易结算计算完成后，电力交易机构开展批发市场电费清算。

电费清算的内容包括：发电企业下调电量造成的资金差额（包括下调补偿电费和未执行交易合同价差电费），发电企业上调电量产生的价差资金差额，发电企业自身原因偏差电量（超发电量或少发电量）产生的考核资金差额，参与市场交易的跨省跨区偏差电量产生的考核资金，批发交易用户（包括售电公司、批发市场电力用户、代理购电电网企业）偏差电量产生的偏差考核费用和价差资金差额，经市场管理委员会讨论、报电力主管部门和电力监管机构批准后的其他资金。

6.6.1.1 下调服务资金差额

下调服务产生两部分成本：①提供下调服务发电企业的补偿成本；②提供下调服务发电企业的未执行合同的价差电费。其中，市场化交易合同产生价差电费，优先发电合同不产生价差电费。下调服务补偿成本为该月所有火电企业与可再生能源发电企业的下调补偿电费之和。下调合同的价差电费为该月所有火电企业与可再生能源发电企业的下调合同的价差电费之和。下调服务资金差额等于下调合同的价差电费减去下调服务补偿成本。

6.6.1.2 上调价差资金差额

每家发电企业上调价差等于燃煤基准价（非燃煤发电基准价电源取上网批复价）减去其上调结算价格。上调价差资金差额为所有发电企业上调结算电量与对应上调价差乘积之和。

6.6.1.3 发电企业自身原因偏差电量产生的考核资金差额

发电企业自身原因偏差电量考核资金差额为燃煤火电企业超发考核电费、燃煤火电企业少发考核电费、可再生发电企业超发考核电费、可再生发电企业少发考核电费之和。

6.6.1.4 参与市场交易的跨省跨区偏差电量产生的考核资金

跨省跨区交易在省间市场偏差电量考核按省间市场交易规则执行。跨省跨区偏差考核资金等于北京电力交易中心发布的结算单中省间市场交易偏差考核电费。

6.6.1.5 批发交易用户偏差电量产生的偏差考核费用和价差资金差额

批发交易用户偏差电量产生的偏差考核费用和价差资金差额等于批发交易用户偏差考核费用与批发交易用户价差资金差额之和。批发交易用户偏差考核费用等于批发市场电力用户偏差考核范围以外的偏差电量清算电费、售电公司偏差考核范围以外的偏差电量电费、电网企业代理购电的偏差考核范围以外的偏差电量电费之和。批发交易用户价差资金差额等于批发市场电力用户偏差考核范围（含）以内的偏差电量价差电费、售电公司偏差考核范围（含）以内的偏差电量电费、电网企业代理购电的偏差考核范围（含）以内的偏差电量电费之和。

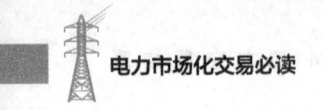

6.6.1.6 其他清算电费

经市场管理委员会讨论，报电力主管部门和电力监管机构批准后的其他资金。

市场电费清算结果为以上 6 项费用（下调服务资金差额、上调价差资金差额、发电企业自身原因偏差电量产生的考核资金差额、参与市场交易的跨省跨区偏差电量产生的考核资金、批发交易用户偏差电量产生的偏差考核费用和价差资金差额、其他清算电费）之和，数值为正表示盈余，数值为负表示亏损。

6.6.2 分摊计算

月度清算费用如有盈余或亏空，按照当月发电侧市场主体上网电量、工商业用户用网电量占比分摊或者返还给所有市场主体，月结月清。

总清算电费中工商业用户分摊电费由电网公司负责计算和结算并出具结算依据，剩余发电侧市场主体分摊电费由交易机构负责计算和出具结算依据。如发电侧市场主体上网电量、工商业用户用网电量当月有跨月退补电量时，跨月退补电量不计入当月上网电量统计以及不再进行还原清算计算。

工商业用户分摊电费等于月度市场清算电费减去发电侧市场主体分摊电费。

发电侧市场主体分摊电费等于发电侧市场主体上网电量在发电侧市场主体上网电量与工商业用户用网电量之和的占比乘月度市场清算电费。

单个发电侧市场主体分摊电费等于单个发电侧市场主体上网电量在发电侧市场主体上网电量的占比乘发电侧市场主体分摊电费。

7 电力交易合同及合规管理

7.1 合同类型

电力交易合同是电力市场主体之间就电量购售等事宜签订的合同。根据国家发展改革委和国家能源局联合印发的《电力中长期交易基本规则》(发改能源规〔2020〕889号)规定，电力交易机构负责各类交易合同的汇总管理。

(1) 按照类型划分，电力交易合同分为厂网间购售电合同、电能交易合同、电量转让合同、输配电合同和零售市场合同等。

1) 厂网间购售电合同指发电企业与电网企业根据政府电力主管部门下达的年度计划电量签订的交易合同。合同中应包括但不限于以下内容：双方的权利和义务、逐月优先发电电量（或基数电量）、电价、并网点和计量点信息、执行周期、结算方式、违约责任等。购售电合同签订后应提交电力交易机构，作为电量结算依据。

2) 电能量交易合同是指符合准入条件的发电企业与电力用户（售电公司）经双边协商、集中竞价、挂牌等方式，在电力交易平台达成电力电量、电价的购售交易，并形成合同。

3) 电量转让合同为合同电量转让交易的出让方和受让方依据合同电量转让交易的结果签订，合同内容应包括：交易主体、交易时间、交易电量、交易价格、不可抗力、争议解决、调整和违约、特别约定等。

4) 输配电合同为电网企业承担电力交易输配电责任、与各类市场主体之间的三方合同。原则上，各类无约束交易结果通过电力调度机构的安全校核，形成有约束交易结果，即为电力调度机构代表电网公司与交易相关方签订了电子化输配电合同，输配电合同与各类交易合同同步形成。

5) 零售市场合同指在电力零售市场中，零售用户与售电公司通过平等协商

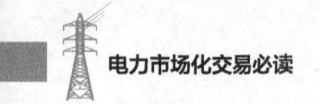

建立购售电关系后所签订的合同，又称双边协商零售交易合同。

6）市场化零售业务协议是指零售用户与售电公司在电力交易机构办理购售电关系签约登记手续后，与电网企业签订的三方协议，明确各方的权利和义务等，是零售用户原《供用电合同》的补充文件。

（2）按照交易周期划分，交易合同可以分为多年交易合同、年度交易合同、季度交易合同、月度交易合同和月内短期交易合同等。

1）多年交易合同指合同的有效期限为1年以上的交易合同。

2）年度交易合同指合同的有效期限为3个月～1年的交易合同。

3）季度交易合同指合同的有效期限为1个月～3个月的交易合同。

4）月度交易合同指合同的有效期限为1个月的交易合同。

5）月内短期交易合同指合同的有效期限为不满1个月的交易合同。

7.2 合 同 签 订

7.2.1 签订流程

双边交易合同签订流程为：购售双方协商→达成交易意向→通过电力交易平台提交→电力调度机构安全校核→交易结果发布→签订电子合同。

集中竞价交合同签订流程为：购售双方申报交易意向→电力交易平台撮合→电力调度机构安全校核→交易结果发布→签订电子合同。

7.2.2 电子合同

双边协商交易、集中竞价交易均需通过交易平台申报，电力交易平台自动生成三方的电子交易合同，市场主体在交易平台确认即可。本企业的交易代码、交易时间、交易密码及CFCA数字证书被视为本企业的电子签名，本企业登录电力交易平台，输入交易指令并达成交易即视为本企业签署电子交易合同，电子交易合同如同书面合同有效。网厂间购售电合同目前仍采用合同书形式签订。

7.2.3 签订时间

厂网间购售电合同原则上在交易执行前完成合同签订，最晚应于合同执行

年一季度内完成签订。未完成签订的，厂网间购售电交易按照相应年度、月度交易计划执行。

电能交易合同在双边协商交易、集中竞价、挂牌交易的最终结果发布后，由电力交易平台自动生成电子交易合同，无须相关市场主体确认。

购售电合同、交易合同和市场化零售业务协议签订完成后必须在规定时间内向政府电力管理部门、电力监管机构报备。

7.3 合同执行

7.3.1 合同变更

根据《电力中长期交易基本规则》（发改能源规〔2020〕889号）规定，年度合同的执行周期内，次月交易开始前，在购售双方一致同意且不影响其他市场主体交易合同执行的基础上，允许通过电力交易平台调整后续各月的合同分月计划（合同总量不变），调整后的分月计划需通过电力调度机构安全校核。

电力交易合同变更原则上需在每月23日前，由发电企业通过电力交易平台向电力交易机构提出年度合同次月及后续月份电量变更申请（申请内容包括调整的合同名称及编号、次月及以后各月的合同电量调整值、调整原因等），并由购电方确认。合同变更与调整的具体申报时间可由电力交易机构在交易公告中明确。电力交易机构审核不通过，则通过电力交易平台退回申请并提供退回理由。经电力交易机构和电力调度机构安全校核通过后，原合同下月起终止执行，变更后的合同下月起自动生效，并作为编制月度交易计划和电量结算的依据。

7.3.2 合同解除

交易各方协商一致，可以解除合同。合同解除，须按照原交易合同形式，签订解除协议。其中，售电公司与其签约用户协议解除购售电签约关系后，售电公司及其签约用户与电网企业（含配售电公司）在电费结清后解除三方供用电合同。合同解除后，已履行部分仍然有效，尚未履行部分不再履行。

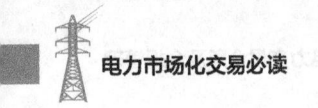

7.3.3 争议处理

电力批发交易发生争议时，市场成员可自行协商解决，协商无法达成一致时可提交电力主管部门和监管部门、电力市场管理委员会调解处理，也可提交仲裁委员会仲裁或者向人民法院提起诉讼。

7.4 合同"六签"

为更好发挥电力中长期交易"压舱石"作用，保障电力市场高效有序运行，2020年9月，国家发展改革委提出了电力中长期合同"六签"工作要求，即：

（1）"全签"是指年度以上中长期合同签约电量不低于前3年用电量平均值的80%，通过月度合同签订保障合同签约电量不低于90%~95%。

（2）"长签"是指签订2~3年甚至更长周期的交易合同。

（3）"见签"是指引入信用机构见签电力中长期交易合同。

（4）"分时段签"是指市场主体分时段约定电量电价，签订电力中长期合同。

（5）"规范签"是指参照电力中长期交易合同示范文本签订中长期合同。

（6）"电子签"是指在交易平台上签订要素齐全的电子合同，全面推进电力中长期合同签订平台化、电子化运转。

7.5 合规责任

7.5.1 概述

自全国人大常委会1996年4月发布《中华人民共和国电力法》以来，国务院、国家发展改革委、国家电力监管委员会（后为国家能源局）依据电力改革新形势，分别发布了《电力监管条例》《电力市场监管办法》《电力中长期交易基本规则》等法规，基本上对各市场主体进入市场、参与市场交易的行为进行了规定，若市场主体未按照规定或约定履行权利义务则将承担相应的责任。

7.5.2 电力市场争议的处置

《电力中长期交易基本规则》规定，电力批发交易发生争议时，市场成员可

自行协商解决，协商无法达成一致时可提交电力主管部门和监管部门、电力市场管理委员会调解处理，也可提交仲裁委员会仲裁或者向人民法院提起诉讼。对于电力零售交易市场发生的争议，虽然没有明确规定该如何处理，但争议各方当事人也可参照电力批发交易市场争议的处置方式，相关市场成员可自行协商解决，协商无法达成一致时可提交电力主管部门和监管部门、电力市场管理委员会调解处理，也可提交仲裁委员会仲裁或者向人民法院提起诉讼。

7.5.3 市场主体不遵守电力市场法规、规则需承担相应责任

我国现行有效的电力市场法律法规及规章对市场主体在进入市场过程中的行为及进入市场后的行为均有明确具体的规定，若有违反，市场主体主体需承担相应的民事、行政、刑事等责任。

7.5.3.1 未按规定办理市场注册手续需承担的责任

我国电力市场实行注册管理，进入或者退出电力市场应当办理相应的注册手续。如《电力中长期交易基本规则》规定，市场主体在电力交易机构办理市场注册时，要按照有关规定履行承诺、公示、注册、备案等相关手续。各区域、省（市、自治区）的中长期交易规则及实施细则均规定市场主体办理市场注册时应履行承诺、公示、注册、备案等相关手续。若不按照规定履行相应的手续的，依据《电力监管条例》和《电力市场监管办法》，可由电力监管机构责令改正；拒不改正的，处10万元以上100万元以下的罚款；对直接负责的主管人员和其他直接责任人员，依法给予处分；情节严重的，可以吊销电力业务许可证。在实践中，市场主体未按照规定办理注册手续，该市场主体在注册阶段，电力交易机构就可能不予受理注册申请，该市场主题就不能进入市场参与电力市场交易。

7.5.3.2 市场主体提供虚假注册资料需承担相应责任

电力市场主体应当保证注册提交材料的真实性、完整性，若提供虚假注册资料的，依据《电力监管条例》和《电力市场监管办法》，由电力监管机构责令改正；拒不改正的，处10万元以上100万元以下的罚款；对直接负责的主管人员和其他直接责任人员，依法给予处分；情节严重的，可以吊销电力业务许可

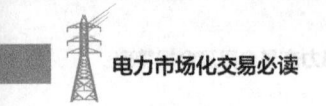

证。在实践中，市场主体提供虚假注册资料将纳入失信管理，并作为惩罚性扣分事项纳入该市场主体的信用评价结果。

7.5.3.3 市场主体未履行电力系统安全义务需承担相应责任

电力市场主体应履行电力系统安全义务，若未履行，依据《电力监管条例》和《电力市场监管办法》，由电力监管机构责令出现改正；拒不改正的，处10万元以上100万元以下的罚款；对直接负责的主管人员和其他直接责任人员，依法给予处分；情节严重的，可以吊销电力业务许可证；依据《刑法》构成犯罪的，依法追究刑事责任。在实践中，市场主体未履行电力系统安全义务的行为将纳入失信管理。

7.5.3.4 市场主体违反规定行使市场操纵力需承担相应责任

电力市场成员应当严格遵守市场规则，自觉自律，不得操纵市场价格，损害其他市场主体的合法权益。任何单位和个人不得非法干预市场正常运行。电力市场主体违反规定行使市场操纵力的，依据《电力监管条例》和《电力市场监管办法》，由电力监管机构责令改正；拒不改正的，处10万元以上100万元以下的罚款；对直接负责的主管人员和其他直接责任人员，依法给予处分；情节严重的，可以吊销电力业务许可证。在实践中，市场主体违反规定行使市场操纵力的行为将纳入失信管理，并作为惩罚性扣分事项纳入该市场主体的信用评价结果。

7.5.3.5 市场主体有不正当竞争、串通报价等违规交易行为需承担相应责任

电力市场主体应严格遵守电力市场法规、规则，不得有不正当竞争、串通报价等违规交易行为，若有违反，则依据《电力监管条例》和《电力市场监管办法》，由电力监管机构责令改正；拒不改正的，处10万元以上100万元以下的罚款；对直接负责的主管人员和其他直接责任人员，依法给予处分；情节严重的，可以吊销电力业务许可证。在实践中，市场主体有不正当竞争、串通报价等违规交易行为的将纳入失信管理，并作为惩罚性扣分事项纳入该市场主体的信用评价结果。

7.5.3.6 市场主体不执行调度指令需承担相应责任

调度指令必须遵守。电力市场主体不执行调度指令，依据《电力监管条例》

和《电力市场监管办法》，由电力监管机构责令改正；拒不改正的，处 10 万元以上 100 万元以下的罚款；对直接负责的主管人员和其他直接责任人员，依法给予处分；情节严重的，可以吊销电力业务许可证。在实践中，市场主体有不执行调度指令的行为将纳入失信管理，并作为惩罚性扣分事项纳入该市场主体的信用评价结果。

7.5.3.7　市场主体未按照规定披露有关信息需承担相应责任

能源监管机构高度重视市场信息披露工作，并就信息披露工作出台了明确具体的规定。市场成员应当遵循及时、准确、完整的原则披露电力市场信息，对其披露信息的真实性负责。市场主体未按照规定披露信息的，依据《电力监管条例》，由电力监管机构责令改正；拒不改正的，处 5 万元以上 50 万元以下的罚款，对直接负责的主管人员和其他直接责任人员，依法给予处分；构成犯罪的，依法追究刑事责任。

7.5.3.8　市场主体在交易平台出清后不认可成交结果或交易成交后拒绝签订合同需承担相应责任

《电力中长期交易基本规则》规定，各市场成员应当依据交易结果或者政府下达的计划电量，参照合同示范文本签订购售电合同，并在规定时间内提交至电力交易机构。在实践中，市场主体在交易平台出清后不认可成交结果或交易成交后拒绝签订合同的行为将纳入失信管理，并作为惩罚性扣分事项纳入该市场主体的信用评价结果。

7.5.3.9　市场主体在签订合同后拒绝执行合同需承担相应责任

契约必须遵守。《中华人民共和国民法典》规定，当事人一方不履行合同义务或者履行合同义务不符合约定的，应当承担继续履行、采取补救措施或者赔偿损失等违约损失。当事人一方明确表示或者以自己的行为表明不履行合同义务的，对方可以在履行期限届满前请求其承担违约责任。市场主体在签订合同后拒绝执行合同，守约的市场主体可以依据合同约定要求违约的市场主体承担违约责任。同时，在实践中，违约的市场主体在签订合同后拒绝执行合同的行为将被纳入失信管理，并作为惩罚性扣分事项纳入该市场主体的信用评价结果。

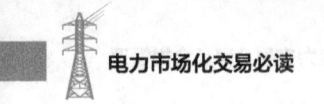

7.5.3.10 市场主体在签订合同后执行合同不到位需承担相应责任

《中华人民共和国民法典》规定，当事人一方不履行合同义务或者履行合同义务不符合约定的，应当承担继续履行、采取补救措施或者赔偿损失等违约损失。市场主体在签订合同后执行合同不到位，守约的市场主体可依据合同约定要求违约的市场主体承担违约责任。同时，违约的市场主体履行合同不到位的行为还可能依据相应的交易规则进行偏差电量电费结算，可能承担偏差考核电费，并纳入失信管理。

7.6 市场运营监控

7.6.1 概述

目前，国家电力主管部门及能源监管机构对电力市场运营监控的规定不多，仅《电力中长期交易基本规则》对电力市场运营监控有明确规定，电力交易机构、电力调度机构根据有关规定，履行市场运营、市场监控和风险防控等职责。根据国家能源局及其派出机构的监管要求，将相关信息系统接入电力监管信息系统，按照"谁运营、谁防范、谁运营、谁监控"的原则，采取有效风险防控措施，加强对市场运营情况的监控分析，按照有关规定定期向国家能源局及其派出机构、地方政府电力管理部门提交市场监控分析报告。这里面要求电力调度机构、交易机构重点做好两方面的工作：①按照要求将相关信息系统接入电力监管系统；②加强对市场运营情况的监控分析，定期提交市场监控分析报告。实践中，上述工作还需要去落细落实。

7.6.2 市场运营监控的重点行为

根据《电力中长期交易基本规则》，电力交易机构、电力调度机构针对下列情况可依法依规采取市场干预措施：①电力系统内发生重大事故危及电网安全的；②发生恶意串通操纵市场的行为，并严重影响交易结果的；③市场技术支持系统发生重大故障，导致交易无法正常进行的；④因不可抗力电力市场化交易不能正常开展的；⑤国家能源局及其派出机构作出暂停市场交易决定的；⑥市场发生其他严重异常情况的。但电力交易机构、电力调度机构应当详细记录市

场干预期间的有关情况，并向国家能源局派出机构、地方政府电力管理部门提交报告。

7.6.3 售电公司的运营监控

由于售电公司是随着电力体制改革而新生的市场主体，国家对其运营监控有特殊的要求。根据《售电公司管理办法》，售电公司未按要求持续满足注册条件的，电力交易机构应立即通知售电公司限期整改，售电公司限期整改期间，暂停其交易资格，未在规定期限内整改到位的，经地方主管部门同意后予以强制退出，同时将相关信息推送至全国信用信息共享平台。

7.6.4 地方主管部门、能源监管机构对售电公司的监管

根据《售电公司管理办法》，地方主管部门、能源监管机构根据职责对售电公司进行监管。地方主管部门对售电公司与售电公司、电力用户间发生的违反交易规则和失信行为按规定进行处理，记入信用记录，情节特别严重或拒不整改的，对其违法失信行为予以公开。能源监管机构对售电公司执行交易规则、参与批发市场交易行为进行监管，并按照有关规定对违规行为进行处理。

7.7 电力市场主体信用评价

7.7.1 概述

2015 年以来，中共中央、国务院就电力市场主体信用评价做出了一系列部署安排。2015 年 3 月，《中共中央　国务院关于进一步深化电力体制改革的若干意见》（中发〔2015〕9 号）提出建立健全市场主体信用体系。加大监管力度，对企业和个人的违法失信行为予以公开，违法失信行为严重且影响电力安全的，要实行严格的行业禁入措施。2016 年 5 月，《国务院关于建立完善守信联合激励和失信联合惩戒制度加快推进社会诚信建设的指导意见》（国发〔2016〕33 号）提出加快推进社会信用体系建设，加强信用信息公开和共享，依法依规运用信用激励和约束手段，构建政府、社会共同参与的跨地区、跨部门、跨领域的守信联合激励和失信联合惩戒机制，促进市场主体依法诚信经营，维护市场正常

秩序，营造诚信社会环境。2019年6月，《国家发展改革委关于全面放开经营性电力用户发用电计划的通知》（发改运行〔2019〕1105号）提出各地要有针对性地制定和完善相关规章制度，实施守信联合激励和失信联合惩戒机制，加强电力直接交易的履约监管力度。2020年2月，国家发展改革委、国家能源局《关于推进电力交易机构独立规范运行的实施意见》（发改体改〔2020〕234号）规定，交易机构应有针对性地制定完善相关规章制度，在政府有关部门指导下，加快行业信用体系建设，协助政府有关部门加强电力交易履约监管，对严重违法失信的市场主体记入信用记录并纳入全国信用信息共享平台，依法公开违法失信行为，并采取警告或限制交易等措施实施联合惩戒；对拒不整改或信用评价为不适合参与交易的市场主体，可取消市场交易资格，强制退出电力市场。

实践中，《国家发展改革委关于全面放开经营性电力用户发用电计划的通知》（发改运行〔2019〕1105号）和《国家发展改革委关于进一步深化燃煤发电上网电价市场化改革的通知》（发改价格〔2021〕1439号）发布以后，省级政府不再按年公布当地符合标准的发电企业目录，也不再对用户目录实施动态监管，市场主体可自愿到交易机构注册成为市场主体。由于取消了准入制，有可能存在极少数不满足准入条件的市场主体进入了市场；同时，也可能存在有市场主体在经营过程中因各种原因不满足准入条件或者符合退市条件。若许可不适格的市场主体参与市场活动，势必影响电力市场的良好秩序。这些均要求加强市场主体准入、交易合同、交易价格的事中事后监管。而市场主体信用评价工作，通过制订和实施科学、适用的市场主体信用评价管理办法和评价指标体系，可以对市场主体在经营管理过程中执行国家政策、法律法规及交易规则、履行相关合同的能力及意愿进行综合评价，并通过评价结果的适用，实施联合奖惩，可有效规范市场主体市场行为、加强行业自律和社会监督、防范市场风险。

7.7.2 电力市场主体评价的开展

评价工作可由全国性能源行业依法组织开展；在能源行业信用体系建设领导小组及其办公室、全国性能源行业组织的指导和监督下，也可由第三方信用服务机构与全国性能源行业组织合作开展；在政府有关部门指导下，也可由交易机构组织开展。在实践中，由于交易机构拥有市场主体最完整的场内交易信

息、完善的信用评价支撑平台、坚实的人力资源保障等优势，且对评价结果在电力市场交易中如何适用最有发言权，由交易机构在政府有关部门指导下组织开展市场主体信用评价工作是比较合适的。

评价对象为已获得市场准入、完成注册登记流程，并参加过电力交易的全部发电企业、售电公司、电力用户、电网公司等市场主体。国家企业信用信息公示系统中列入严重违法失信企业名单（黑名单）的企业不允许进入电力市场。

评价指标体系根据数据获取渠道和市场主体信用表征范围分为场内评价指标、场外评价指标。场内评价指标对市场主体在电力交易过程中的表现进行定量评价，场外评价指标主要评价市场主体的财务状况和社会信用状况。评价指标一般包括市场化交易能力、交易管理、合同管理、运行管理、结算管理、信息公开、财务状况和社会信用等八个方面，另根据不同类的市场主体还设置了相应的奖惩指标。

评价结果一般采用"三等五级"制，即分为 A、B、C 三等，下设 AAA、AA、A、B、C 五级。

评价周期原则上是每年一季度发布上一年度信用评价结果，也可以根据需要每半年或每季发布上一个半年度或上一季度的信用评价结果。

评价数据的采集主要来自场内，场外需要采集的数据不多。

信用评价组织实施机构对采集的数据进行计算，确定信用评价结果，形成信用评价报告，并在相应的网站上公示。

市场主体对于评价公示的结果可在公示期内提出异议申诉，由评价组织实施机构据实确定异议申诉是否有效。若市场主体具体失信行为被行政机关或复议机关决定撤销、变更的，亦或被人民法院判决撤销、变更的，由市场主体提出申请并提供佐证材料，评价组织实施机构负责修正相关信息或信用评价结果。

评价结果一般会根据评价组织实施机构的层次发布在相对应的信用网站或组织实施机构的官方网站上。

7.7.3　电力市场主体信用评价结果应用

电力市场主体信用评级结果主要适用于电力市场，一般与市场主体准入退出制度、履约保函（保证金）制度、交易规则等联动，建立有效的联合奖惩制度。

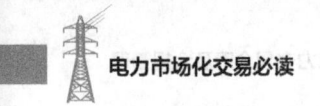

评价结果应用分为交易行为预警、交易风险防控、失信惩戒等方面。

（1）交易行为预警。评价结果为 B 级，对该市场主体发出书面预警；并通过通知、系统提示等方式告知与其存在电力市场化交易合同关系的相对方。评价结果为 C 级，通过公告、通知等形式向全市场进行预警。

（2）交易风险防范。信用等级越高的市场成员，根据交易规则或交易方案可参与的市场交易种类越多、范围越广，合同成交优先级越高，提交的履约保证函（保证金）额度低甚至不需提交履约保函（保证金）；信用等级较低的市场主体，将被要求缴纳较多的保证金，甚至被限制交易。

（3）联合惩戒。信用等级为 C 的市场主体，将可能被建议追加为黑名单或重点关注名单。政府信用体系中涉及市场主体财务状况、信用情况等场外指标的评价结果，将在市场主体信用评价中予以直接采用。对于已经纳入各级政府认定的黑名单或重点关注名单的市场主体，将予以扣分、降级、限制交易直至退市处理。

7.7.4 售电公司信用评价工作的开展

目前，国家发展改革委、国家能源局对售电公司的信用评价工作非常重视，并作出了具体明确的规定。根据《售电公司》管理办法第三十九条，国家主管部门、国家发展改革委统筹组织地方主管部门授权电力交易机构、第三方征信机构开展售电公司信用评价工作。售电公司信用评价工作不得向售电主体收取费用。在当前的实践中，售电公司的信用评价地方主管部门一般授权电力交易机构开展，也要求不向售电公司收取费用。

8 电力市场服务及信息公开

8.1 市场服务基本原则

为有效促进市场服务规范化和标准化,国家电网公司经营区域各电力交易机构联合制定《电力交易机构市场服务"八项承诺"》,竭诚为市场主体提供优质、高效、便捷的市场服务。具体承诺内容是:

(1)遵守国家政策、法律、法规,严格执行市场交易规则及相关管理规定。

(2)公平对待市场主体,无差别无歧视开放市场,维护市场主体合法权益。

(3)公正组织市场交易,尊重市场主体意愿,不以任何方式操纵市场。

(4)公开市场交易信息,及时汇总、整理、分析、披露和发布市场交易信息。

(5)促进资源优化配置,落实国家能源战略,提升能源资源配置效率。

(6)坚持绿色发展理念,促进节能减排,促进清洁能源发展和优先消纳。

(7)保障交易信息安全,强化保密措施,不泄露市场主体私有信息和商业秘密。

(8)优质服务市场主体,规范办理交易业务。

可以通过多种方式开展主动上门服务:①通过与市场主体党支部开展"联学联创"活动,发挥党员先锋模范作用,推动党建与业务融合,主动与市场主体开展业务交流;②定期开展市场主体调研,主动了解用户需求,就最新交易政策开展上门培训;③通过市场管委会主动上门找议题,并进行讨论协商。同时要建立市场主体反映问题跟踪机制,跟进解决问题是否达到效果。

8.1.1 "一口对外"和"首问责任"制

交易大厅是交易机构对外服务的统一窗口。一口对外制度,是指由专业的市场服务管理部室,负责市场服务工作的归口管理,统一受理交易大厅发生的

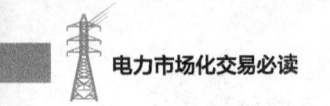

咨询、业务办理、投诉举报等服务需求并予以统一答复的制度。

交易机构服务对象通过交易大厅提出服务需求时，受理人在岗位职权范围内能直接办理的，直接按规范流程办理并给予其明确的答复。对于不能确认的或现场无法答复的问题，请客户谅解并做好记录，由市场服务管理部室组织市场、交易、结算、技术、综合、财务等内设部室按职责分工和流程要求办理相关业务，统一给予答复，满足服务对象的服务需求。市场服务管理部室根据业务分类对各部室市场服务工作全过程督办，达到服务对象仅通过同一受理人可以办完全部业务的目的，实现一口对外、内转外不转。

首问责任制，指交易机构服务对象来访、来电、来信、来函或网上咨询中心部室或者工作人员，接受询问的首位工作人员应负责解答、办理或交办、承办的制度。

首问责任人指交易机构第一个接受服务对象来访、来电、来信、来函或网上咨询相关事务的工作人员。首问负责制遵循热情主动、服务规范、合法合规、文明办事、及时高效的原则。

各部室应当根据业务职能确定责任内容，属于首问责任人本人职责范围内办理的事项，若手续完备的，首问责任人应当根据相关规定及时予以办结，若手续不完备的或违反规定不能办理的，实行一次告知制度，首问责任人必须明确答复，并详细说明原因，耐心做好解释工作。不属于首问责任人职责范围但属于交易机构职责范围办理的事项，联系具体承办工作人员办理。若具体承办工作人员有异议，则应及时向分管领导汇报，由分管领导决定具体承办工作人员，妥善处置相关事项。不属于交易机构职责范围但可以明确承办责任单位的事项，应由首问责任人向分管领导汇报，与具体承办单位联系，将服务对象转交具体承办单位接待并办理其相关诉求。

8.1.2 市场服务标准

市场服务标准主要要求有：交易平台全年可用率不低于99.9%。5个工作日内完成市场注册资料完整性检验和首次答复，资料合格售电公司注册流程"最多跑一次"；及时完成交易结算，每月初5个工作日内编制完成上月交易结算单；投诉举报3个工作日内予以答复。按照电力市场信息披露管理等有关规定

按时发布信息。

邀请第三方机构在年末时对交易中心市场服务进行评价。评价维度包括市场注册及时性、便捷性，交易组织的合理性、公平性，交易结算的准确性、及时性，信息发布的准确性、及时性、全面性，大厅服务的态度、效率，培训的及时性、覆盖率、形式多样性以及综合评价等。评价方式可以采取问卷调查、电话咨询、上门走访等多种形式。

8.1.3 市场主体服务满意度调查

交易机构应该定期开展市场主体服务满意度调查，主要目的如下：

（1）开展连贯的年度市场主体满意度调查，发挥第三方机构客观、公正、中立的优势，公平客观地对交易机构服务质效进行分析，及时发现存在的问题和不足，提出改进措施，持续提升服务质效。

（2）获取市场主体对电力交易中心服务质量的精准感知数据，达成服务手段的多元化与服务方式的切实创新。

（3）把握市场主体的服务需求与现行交易服务模式之间的错位点，为交易中心扩大高质量服务覆盖范围提供参考。

（4）丰富交易中心与市场主体的信息交互渠道。通过年度满意度调查丰富信息公开，深化交易中心与各市场主体的交流与联系，以促进各市场主体科学参与电力市场交易。

（5）比较历年市场主体满意度调查的结果，制订有效科学的交易领域统一调查标准。

市场主体的满意度调查形式上分为综合满意度与专项满意度两大板块。满意度测评的指标设计，将严格依据国家标准《顾客满意测评模型和方法指南》（GB/T 19038—2009）、《质量管理、顾客满意、监视和测量指南》（GB/T 19014—2019）以及《顾客满意测评通知》（GB/T 19039—2009）。

以湖南为例，综合满意度下设置了5个二级指标，分别为市场主体期望、市场主体对质量的感知、市场主体对价值的感知、形象评价以及市场主体抱怨与忠诚。专项满意度调查指标体系（包含所有专项满意度测评）中，共设立5个二级指标，14个三级指标以及45个要素。每个要素参与评测的要素，按照满

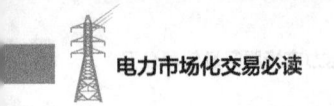

意程度，分为非常满意、满意、一般、不满意、非常不满意5个等级，结合10分制打分方式，获取市场主体和政府管理部门客观评价数据，并详细说明各种测评方式的优缺点及最终采用的测评方式的原因与优势，测评实施应最大限度的对测评过程进行记录，并能通过过程记录还原市场主体真实诉求及评价。

市场主体满意度调查方式主要有四种，即邀请第三方机构通过网络收集、电话收集、邮件收集和访谈调查等调查方式结合的形式进行。其中：

（1）网络收集指第三方机构组建数据网络收集小组，通过电力交易中心官方公众号作为传播平台，发布测评调查问卷，让市场主体在线上进行信息反馈汇总。与此同时，在交易中心与各类市场主体社交媒体群里进行统一通知，并发布调查链接，逐一敦促各市场主体完成调查。

（2）电话收集指第三方机构组建数据电话收集小组，对样本企业进行一对一电话交流，帮助市场主体规范合理完成调查问卷。电话收集前组织相关培训，并准备好相关第三方证明材料以确保市场主体充分相信第三方测评的安全性与科学性。

（3）邮件收集指第三方机构组建数据邮件收集小组，在与电力交易平台员工充分对接的前提下，获得市场主体邮件联系方式——发放邮件问卷，或从平台系统内部发放问卷并在平台公众号中予以强调说明。

（4）访谈调查指第三方机构组建实地访谈数据收集小组，进行企业走访，并与相关工作人员面对面了解问询对电力交易平台的意见与建议，为报告完成提供现实基础。最终在对数据进行有效筛选后，进行数据初次录入，并将其输入事先编好的SPSS程序中，运行以发现是否有明显错误，并不断修正。

市场主体满意度调查范围为已注册生效的所有市场主体，以四大市场主体类型（发电企业、电力用户、售电公司、电网企业）为主要评测单位，进行随机抽样后并进行异质性拓展。第三方机构根据电力交易中心提供的市场主体（发电企业、电力用户、售电公司、电网企业）名单及联系方式，采用科学的抽样模型，保证市场主体样本整体统计置信区间95%，允许误差正负5%。通过样本量计算公式得出最终有效样本数量，并在此基础上对样本抽取进行科学的分层；分配各测评对象的执行样本，并进行样本框抽取。所调查的样本具有随机性、代表性和时间空间分布的均匀性，能够代表测评对象反映电力交易中心的

服务的品质与水平。

8.2 电力交易大厅管理

8.2.1 大厅功能布局和基本要求

电力交易大厅具备业务受理、信息发布、文化展示、信息查询、会议商洽的功能。从功能上来分，可以分成服务大厅、会议区、培训区、咨询和调解区、办公区等功能区。其中，服务大厅有客服接待区和客户休息区以及信息和文化展示区，同时能够为客户提供信息查询便利；会议区具备召开多媒体会议功能，具备会前、会间休息区，市场管委会等大型会议可在此召开；培训区具备召开视频会议、开展业务培训的功能；咨询和调解区具备业务一对一咨询，市场纠纷调处功能；办公区为技术支撑人员办公和市场服务管理人员办公区域。

大厅设计建设和运营应满足四个方面条件：①电力交易大厅应按照统一规范设置标识，电力交易场所标识应用包括门楣、背景板等。②电力交易大厅应保持环境整洁、有序，服务设施齐备、完好。工作台、办公桌、文件柜和计算机、打印机、复印机、传真机等办公设备，以及部室和个人使用的书籍、资料、文件等摆放均应整齐美观。③电力交易大厅应配备安全消防设备，在关键区域安装电子监视设备。④电力交易大厅服务区应设置服务台及大屏幕、自助查询终端等信息发布设备。配备必要的文具、雨伞架、宣传架、宣传资料、客户登记簿、客户意见箱等。

8.2.2 大厅客服人员要求

大厅配置一定数量的服务人员，并应具备如下基本条件：

（1）掌握礼仪、接待等方面的基础知识；

（2）掌握电力系统基础知识，了解省内电网概况；

（3）掌握电力交易基础知识，了解电力交易业务的主要流程和职责分工；

（4）熟练操作计算机和电力交易平台；

（5）熟练操作电力交易大厅的各类设备；

（6）熟练进行电力交易大厅的讲解工作；

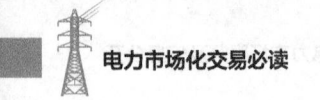

（7）熟练掌握各类规范服务用语。

8.2.3 业务办理流程

8.2.3.1 问询答复处理流程

（1）登记问询人员身份，按照"首问负责制"原则，服务人员能正确答复的，直接给予明确的答复。对于不能直接答复的问题，请客户谅解并做好记录，及时报告管理部室。

（2）对于一般性问询，即问询内容在各专业部室职责范围内的，由相关业务部室形成统一对外答复意见。

（3）对于重大事项的问询，即问询内容涉及多个专业部室职责或者影响较大的问询，由服务管理部组织相关部室进行讨论，编制统一答复意见，经审核后，统一向客户答复。

8.2.3.2 投诉举报基本流程

（1）登记问询人员身份，详细记录投诉举报内容，及时报告服务管理部室。必要时安抚投诉人员的情绪。

（2）根据投诉对象以及事项的严重程度，服务管理部室组织相关业务部室进行调查、讨论，编制答复意见和处理措施，经审核后，统一向市场主体答复，并跟踪解决措施的落实情况。

（3）服务人员须在3个工作日内向投诉、举报人答复。如情况复杂，研究处理周期较长，责任部室需要在3个工作日内做出首次答复，并说明后续处理的步骤和时间。

8.3 服 务 热 线

4001895598是国家电网营业区域内的电力交易服务热线，为市场主体提供电力交易所需的政策法规、市场建设、市场运营、市场注册、信息披露、信用评价等服务咨询，实行400热线号码"一号通达"，400客服团队"一口受理，服务闭环"。最终建立以市场主体为中心，以专业、规范、优质、高效服务为目标，以400电话及在线客服为电力交易统一服务窗口，以客服中心电力交易服务团队为支撑，电力交易中心与客服中心协同配合、高效运转的市场服务运营体系。通过400电话和在线客服一口对外，提供5×8小时客户服务，受理市场主体电力交易相关业务咨询等诉求。对于市场主体诉求，能够解答的立即答复，不能立即解答需流转处理的，通过客服中心业务支持系统（以下简称业务支持系统），以工单形式流转至各电力交易中心交易大厅服务团队，交易大厅热线服务处理专席按照本交易中心各业务处室职责分理工单，各业务处室按照工单诉求予以解答。解答后由客服中心统一回复（回访），全量采集客户满意度，实现电力交易客户服务业务全闭环管理。

统一电力交易服务热线业务（以下简称热线业务）是指客户服务前台通过4001895598电话或在线客服受理发电企业、电力用户、售电公司等电力交易市场主体及相关方（以下简称客户）的咨询、投诉、举报、意见（建议）等业务受理及回复（回访）。

技术支持系统由业务支持系统、400电话运营系统、电力交易专业知识管理系统、在线客服系统组成，并与电力交易平台、e-交易实现在线客服接入。

为提升电力交易市场服务质量，各市场主体可以通过电力交易平台意见与建议功能在线提出自己的意见和建议，客服专席会及时对投诉或建议进行受理、处理、回访和统计。

8.4 信息披露

8.4.1 披露主体

信息披露的主体是指参与电力市场的市场成员，包括发电企业、售电公司、电力用户、电网企业和市场运营机构。市场运营机构包括电力交易机构和电力调度机构。

电力交易机构总体负责市场信息披露的管理和实施，负责建设运行维护信息披露平台，为市场主体创造良好的信息披露条件，会同电力调度机构按照市场信息分类及时向社会以及市场主体发布。各类市场成员应当及时向电力交易机构提供支撑市场化交易开展所需的数据和信息，并对所提供信息的真实性、准确性负责。

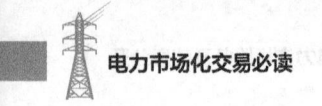

8.4.2 披露内容

根据信息公开的范围，电力市场信息可以分为公众信息、公开信息、私有信息和依申请披露信息四类。

（1）公众信息是指向社会公众披露的信息，包括但不限于：电力交易适用的法律、法规以及相关政策文件，电力交易业务流程、管理办法等；政府定价类信息，包括输配电价、各类政府性基金及其他市场相关收费标准等；电力市场运行基本情况，包括各类市场主体注册情况、电力交易总体成交情况等；电网运行基本情况，包括电网主要网络通道的示意图、发电机组装机总体情况、发用电负荷总体情况等；其他政策法规要求向社会公众公开的信息。

（2）公开信息是指向所有市场成员披露的信息，包括但不限于：市场主体基本信息、市场主体注册准入以及退出情况；发电设备信息；电网运行信息及市场边界信息；市场交易总量和均价类信息；交易执行概况信息；结算概况信息；电网企业代理购电信息；其他政策法规要求对市场主体公开的信息。

（3）私有信息是指向特定的市场成员披露的信息，未经授权不得向其他市场成员披露的信息，包括但不限于：发电机组的机组特性参数、性能指标，电力用户用电特性参数和指标；各市场主体的市场化交易申报电量、申报电价等交易申报信息；各市场主体的各类市场化交易的成交电量以及成交价格等信息；各市场主体的市场化交易合同以及结算明细信息；电网企业代理购电用户电量、电价、电费及其他等明细信息。

（4）依申请披露信息是指仅在履行申请、审核程序后向申请人披露的信息，包括但不限于：发电企业报送国际河流水电企业相关数据（如有）；各非市场用户的类型，购售电电量和电价等信息；市场用户进入市场前的用电信息；条件成熟时，应当披露能够准确复现完整市场出清结果的电力系统市场模型及相关参数。

8.4.3 披露方式和时间

在确保安全的基础上，市场信息主要通过电力交易平台、电力交易机构网站披露。年（季）度信息发布会、电力交易中心微信公众号、网站、短信通知、

电力交易大厅、e-交易也是对外进行信息披露的重要渠道。

电力交易信息按披露信息的时间要求分为年度、季度、月度、日等披露周期。电力交易信息原则上按月向市场主体进行披露，季（年）度信息按季或按年进行披露，日信息按日实时滚动更新披露。

各项信息应根据需要及时进行披露，并满足市场运行要求。电力市场适用的法律法规及政策文件应在正式收到政府文件后5个工作日内进行披露。电力市场规则类信息，包括交易规则（实施细则）、交易相关收费标准，制定、修订市场规则过程中涉及的解释性文档及对市场主体问询的答复等，应在正式收到政府文件或交易中心印发后5个工作日内进行披露。交易中心基本信息发生变更，应在变更事项发生后5个工作日内进行披露。电力市场业务介绍、业务办理流程及服务指南、交易结算公告、市场主体注册流程、争议解决流程，应在市场启动前披露。按照相关交易规则要求，按时发布开市通知、交易公告，在市场闭市后按照规定的时间将交易结果提交电力调度机构，并通过电力交易平台发布。根据电力调度机构反馈的安全校核结果和原因说明，在安全校核通过后1个工作日内披露安全校核后的交易结果。月度交易计划应在每月底前披露。市场主体月度结算依据应按照中长期交易规则及实施细则要求及时披露。市场交易执行情况、月度结算情况应在次月前10个工作日内披露。可披露的市场主体交易信用信息应按年度进行披露，于次年3月10日前完成。电力市场信息披露报告按月度、季度进行披露，应在次月/次季度首月前20个工作日内完成。电力市场年报应在次年3月31日前完成编制和发布。售电公司履约保证保函、保险缴纳信息及售电量规模限额应按月滚动更新披露。市场暂停、中止、重新启动等市场干预情况、原始日志及操作应在发生后立即披露，其他信息在次日披露。争议解决结果应在解决后2个工作日内披露。其他信息按需进行披露。

依申请披露信息纳入特定管理流程，由申请人发起申请，经省级电力主管部门或能源监管机构审核通过并承诺履行保密责任后方可获取相关信息。申请人应当为参与电力市场的市场成员，需书面向经省级电力主管部门或能源监管机构提交申请，申请内容包括但不限于：申请人单位、申请信息内容、申请信息必要性说明、联系方式等。

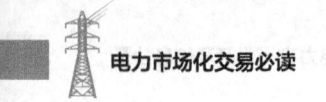

8.4.4 电力现货信息披露

电力交易机构总体负责电力现货市场信息披露的实施，创造良好的信息披露条件，制定信息披露标准格式，开放数据接口。电力交易机构应当设立信息披露平台，信息披露平台原则上以电力交易机构现有信息平台为基础。信息披露主体按照标准格式通过信息披露平台向电力交易机构提供信息，由电力交易机构通过信息披露平台发布信息。

电力现货信息按照市场主体来分可以分为发电企业披露的信息、售电公司披露的信息、电力用户披露的信息、电网企业披露的信息、运营机构披露的信息五类；按照公开范围可以分为公众信息、公开信息、私有信息和依申请披露信息四类。

8.4.4.1 发电企业披露信息

电力现货市场发电企业应当披露的公众信息包括：

（1）企业全称、企业性质、所属发电集团、工商注册时间、营业执照、统一社会信用代码（以下简称信用代码）、法定代表人（以下简称法人）、联系方式、电源类型、装机容量、所在地区等；

（2）企业变更情况，包括企业减资、合并、分立、解散及申请破产的决定，或者依法进入破产程序、被责令关闭等重大经营信息；

（3）与其他市场主体之间的关联企业信息；其他政策法规要求向社会公众公开的信息。

电力现货市场发电企业应当披露的公开信息包括：

（1）电厂机组信息，包括电厂调度名称、电力业务许可证（发电类）编号、机组调度管辖关系、投运机组台数及编号、单机容量及类型、投运日期、接入电压等级；

（2）单机最大出力、核定最低技术出力、核定深调极限出力；

（3）机组出力受限的技术类型，如流化床、高背压供热等；

（4）机组出力受限情况、机组检修及设备改造计划等。

电力现货市场发电企业应当披露的私有信息包括：

（1）中长期交易结算曲线、电力市场申报电能量价曲线、上下调报价、机组启动费用、机组空载费用、辅助服务报价信息等；

（2）机组爬坡速率、机组边际能耗曲线、机组最小开停机时间、机组预计并网和解列时间、机组启停出力曲线、机组调试计划曲线、调频、调压、日内允许启停次数、厂用电率、热电联产机组供热信息等机组性能参数；

（3）机组运行情况，包括出力及发电量等；

（4）各新能源发电企业日前、实施发电预测；

（5）发电企业燃料、燃气供应情况、存储情况、燃料供应风险等；

（6）非国际河流水电企业来水情况、水库运行情况等。

电力现货市场发电企业依申请应当披露的信息主要是：

国际河流水电企业相关数据（如有）。

8.4.4.2 售电公司披露信息

电力现货市场售电公司应当披露的公众信息包括：

（1）企业全称、企业性质、售电公司类型、工商注册时间、注册资本金、营业执照、信用代码、法人、联系方式、信用承诺书、资产总额、股权结构、年最大售电量等；

（2）企业资产证明、从业人员相关证明材料、资产总额验资报告等；企业变更情况，企业减资、合并、分立、解散及申请破产的决定，或者依法进入破产程序、被责令关闭等重大经营信息；

（3）与其他市场主体之间的关联关系信息；

（4）其他政策法规要求向社会公众公开的信息。

电力现货市场售电公司应当披露的公开信息包括：

（1）拥有配电网运营权的售电公司应当披露电力业务许可证（供电类）编号、配电网电压等级、配电区域、配电价格等信息；

（2）履约保函缴纳信息（如有）。

电力现货市场售电公司应当披露的私有信息包括：

中长期交易结算曲线、电力市场申报电能量价曲线、与代理电力用户签订的相关合同或者协议信息、与发电企业签订的交易合同信息等。

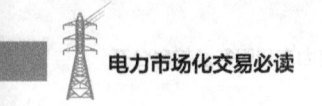

8.4.4.3 电力用户披露信息

电力现货市场电力用户应当披露的公众信息包括：

（1）企业全称、企业性质、行业分类、用户类别、工商注册时间、营业执照、信用代码、法人、联系方式、主营业务、所属行业等；

（2）企业变更情况，包括企业减资、合并、分立、解散及申请破产的决定，或者依法进入破产程序、被责令关闭等重大经营信息；

（3）与其他市场主体之间的关联关系信息；

（4）其他政策法规要求向社会公众公开的信息。

电力现货市场电力用户应当披露的公开信息包括：

企业用电类别、接入地区、年用电量、用电电压等级、供电方式、自备电源（如有）、变压器报装容量以及最大需量等。

电力现货市场电力用户应当披露的私有信息包括：

（1）电力用户用电信息，包括用电户号、用电户名、结算户号、计量点信息、用户电量信息、用户用电曲线等；

（2）中长期交易结算曲线、批发用户电力市场申报电能量价曲线、可参与系统调节的响应能力和响应方式等。

8.4.4.4 电网企业披露信息

电力现货市场电网企业应当披露的公众信息包括：

（1）企业全称、企业性质、工商注册时间、营业执照、信用代码、法人、联系人、联系方式、供电区域、政府核定的输配电线损率等；

（2）与其他市场主体之间的关联关系信息；

（3）政府定价类信息，包括输配电价、各类政府性基金及其他市场相关收费标准等；

（4）电网主要网络通道示意图；

（5）其他政策法规要求向社会公众公开的信息。

电力现货市场电网企业应当披露的公开信息包括：

（1）电力业务许可证（输电类）、电力业务许可证（供电类）编号；

（2）市场结算收付费总体情况及市场主体欠费情况；

（3）电网企业代理非市场用户每个交易时段的总购电量、总售电量、平均购电价格、平均售电价格等，含事前预测和事后实际执行；

（4）各类型发电机组装机总体情况，各类型发用电负荷总体情况等；

（5）电网设备信息，包括线路、变电站等输变电设备投产、退出和检修情况等；

（6）全社会用电量、重点行业用电量等。

电力现货市场电网企业依申请应当披露的信息包括：

（1）各非市场用户的类型，购售电电量和电价等；

（2）市场用户进入市场前的用电信息；

（3）能够准确复现完整市场出清结果的电力系统市场模型及相关参数（采用节点边际电价、分区边际电价的电力现货市场地区），包括220kV及以上输电设备（输电线路和变压器）联结关系，输电断面包含的输电设备及其系数、潮流方向、潮流上下限额等。

8.4.4.5 市场运营机构披露信息

电力现货市场的市场运营机构应当披露的公众信息包括：

（1）机构全称、机构性质、机构工商注册时间、股权结构、营业执照、信用代码、法人、组织机构、业务流程、服务指南、联系方式、办公地址、网站网址等；

（2）电力市场适用的法律法规、政策文件；

（3）电力市场规则类信息，包括交易规则、交易相关收费标准，制定、修订市场规则过程中涉及的解释性文档，对市场主体问询的答复等；

（4）信用评价类信息，包括市场主体电力交易信用信息、售电公司违约情况等；

（5）其他政策法规要求向社会公众公开的信息；

（6）市场暂停、中止、重新启动等情况。

电力现货市场的市场运营机构应当披露的公开信息包括：

（1）公告类信息，包括电力交易机构财务审计报告、信息披露报告等定期报告、经国家能源局派出机构或者地方政府电力管理部门认定的违规行为通报、

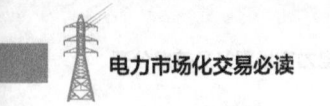

市场干预情况、第三方校验报告等；

（2）交易公告，包括交易品种、交易主体、交易规模、交易方式、交易准入条件、交易开始时间及终止时间、交易参数、出清方式、交易约束信息、交易操作说明、其他准备信息等；

（3）交易计划及其实际执行情况等；

（4）市场主体申报信息和交易结果，包括参与交易的主体数量、交易总申报电量、成交的主体数量、最终成交电量、成交均价等；

（5）市场边界信息，包括电网安全运行的主要约束条件、输电通道可用容量、关键输电断面及线路传输限额、必开必停机组组合及原因、非市场机组出力曲线、备用及调频等辅助服务需求、抽蓄电站蓄水水位、参与市场新能源总出力预测等；

（6）市场参数信息，包括市场出清模块算法及运行参数、价格限值、约束松弛惩罚因子、节点分配因子及其确定方法、节点及分区划分依据和详细数据等；

（7）预测信息，包括系统负荷预测、外来（外送）电交易计划、可再生能源出力预测、水电发电计划预测等，任何预测类信息都应当在实际运行后一日内发布对应的实际值；

（8）运行信息，包括实际负荷、实时频率、系统备用信息，重要通道实际输电情况、实际运行输电断面约束情况及其影子价格情况、联络线潮流、输变电设备检修计划执行情况、发电机组检修计划执行情况，非市场机组实际出力曲线等；

（9）参与现货市场机组分电源类型中长期合约占比、合约平均价格、总上网电量等；

（10）市场干预情况原始日志，包括干预时间、干预人员、干预操作、干预原因，涉及《电力安全事故应急处置和调查处理条例》（中华人民共和国国务院令第599号）规定电力安全事故等级的事故处理情形除外；

（11）市场出清类信息，包括各时段出清电价（节点边际电价市场应当披露所有节点的节点边际电价以及各节点边际电价的电能量、阻塞和网损等各分量价格）、出清电量，调频容量价格和调频里程价格，备用总量、备用价格，输电

断面约束及阻塞情况，各电压等级计算网损等；

（12）每个交易时段的分类结算情况，不平衡资金明细及每项不平衡资金的分摊方式等。

电力现货市场的市场运营机构应当披露的私有信息包括：

（1）中长期结算曲线、分时段中长期交易结算电量及结算电价，日前中标出力及日前节点边际电价，实施中标出力及实时节点边际电价；

（2）结算类信息，包括日清算单、月结算单、电费结算依据等。

电力现货市场应当披露的其他信息包括：

（1）征得电力用户同意后，电网企业和市场运营机构应当允许售电公司和发电企业获取电力用户历史分时用电数据、用电信息等有关信息，并约定信息开放内容、频率、时效性，以满足市场主体参与现货交易的要求；

（2）市场成员可申请扩增信息，应当将申请发送至信息披露平台，电力交易机构收到扩增信息披露申请后应及时通知所有受影响的市场主体，并报省级电力主管部门或能源监管机构审核（扩增信息披露申请及审核结果应当通过信息披露平台专栏公示）。

8.4.5 信息披露异议处理

社会公众、市场成员对披露的信息内容、时限等有异议或者疑问，可向电力交易机构提出，由电力交易机构组织相关信息披露主体解释、说明或者提供相关资料。

8.4.6 信息保密和封存

任何市场成员严禁违规获取或者泄露未经授权披露的信息，未经许可不得公开发表可能影响市场成交结果的言论，不得违法违规更改已封存信息。

信息封存是指对关键信息的记录留存。任何有助于还原运行日（指执行日前电力市场交易计划。保证实时电力平衡的自然日）情况的关键信息应当记录、封存。封存信息包括但不限于：运行日市场出清模型信息、市场申报量价信息、市场边界信息、市场干预行为、实时运行数据、市场结算数据、计量数据等。信息的封存期限一般为 5 年，特殊情形除外。

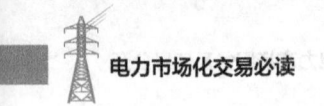

8.4.7 信息披露监督与管理

国家能源局派出机构对市场成员的信息披露行为进行监管，并根据履行监管职责的需要采取信息报送、现场检查、行政执法等监管措施。对未按要求及时披露、变更或者披露虚假信息的市场成员，1年之内出现上述情形两次以上的，国家能源局派出机构可对其采取监管约谈、监管通报、责令改正、出具警示函、出具监管意见等监管措施，并依据《电力监管条例》等有关规定作出行政处罚。

8.5 履约保函

履约保函是指由银行、保险公司或非银行金融机构应市场主体的申请而开立的有担保性质的书面承诺文件，一旦市场主体未按照合同约定履行义务，则由担保人履行担保责任；履约保证保险是指市场主体购买的用于在合同履约过程中作为履约保证金功能使用的保险。

售电公司以履约保函、履约保证保险（以下简称履约保函）的方式提供履约担保，电力交易机构负责履约保函执行工作，包括：履约保函额度计算，履约保函接收、管理、退还、使用申请、执行情况记录，履约额度跟踪以及相关信息发布、报送等。售电公司参与市场交易前，应通过额度计算值向交易机构提交履约保函凭证。

开具履约保函的银行、保险公司或非银行金融机构原则上限于全国性商业银行、省内商业银行、企业集团内部开设的具有相关资质的财务公司及全国性的保险公司，其中企业集团内部财务公司只能对本集团成员单位开具履约保函。

参与电力市场交易的售电公司按照交易公告的要求，将履约保函提交电力交易机构，经审核通过之后方可参与市场交易。

售电公司应在接到电力交易机构通知后，在规定时限内向电力交易机构提交足额履约保函。对于逾期未提供履约保函的售电公司，电力交易机构暂停受理其注册业务、参与市场交易资格。对于逾期未提供履约保函的售电公司，电力交易机构将对其强制退市处理。

售电公司未缴纳或未足额缴纳相关结算费用，电网企业可根据电力交易机构出具的结算依据申请使用履约保函，并由电力交易机构向履约保函开立单位出具原件，要求支付款项，同时向相关市场主体发出执行告知书，说明售电公司欠费情况，并做好相关信用管理和交易工作。电力交易机构在履约保函执行前向市场主体公示售电公司欠费情况。

电力交易机构按交易结算周期动态监测履约保函额度并上报省能源局，发现实际提交的履约保函额度不足时及时通知售电公司补缴。售电公司应在电力交易机构通知后，在规定时限内向电力交易机构足额补缴履约保函。

电力交易机构同期开展市场主体信用评价，将售电公司履约保函额度与信用评级挂钩。

当售电公司实际提交的履约保函金额大于应提交的保函额度时，可向电力交易机构申请更换履约保函。售电公司申请更换履约保函，电力交易机构应在收到售电公司书面申请（需加盖单位公章）、新履约保函、法人授权委托书及被授权人身份证明复印件等资料，向电网企业核实履约保函理赔情况后，予以退还原保函。

售电公司自愿或强制退出市场后，可以向电力交易机构申请退还履约保函。在完成该售电公司本年度全部结算程序，向电网企业核实履约保函理赔情况后，电力交易机构应退还其剩余履约保函。退回保函时售电公司应提供书面申请（需加盖单位公章）、政府相关部门同意或强制该售电公司退出电力市场的相关文件（如有）、法人授权委托书及被授权人身份证明复印件等资料。

9 电力交易平台

9.1 电力交易平台开发与功能

9.1.1 平台开发历程

根据国家电力体制改革要求及全国统一电力市场建设需要,电力交易中心建设了电力交易平台,面向电力用户、发电企业、售电公司等各类电力市场主体开放使用,支撑能源资源优化配置和各类电力交易业务开展,开展新型多周期(跨年度、年度、月度及短期)交易运营。2019年,为全面支撑全国统一电力市场体系深化建设,由北京电力交易中心统一组织,依据电力市场交易业务发展需要,按照"需求导向、统一设计、集中研发、云端部署、稳步实施"的整体思路,构建适应全市场形态、全电量空间、全体系结构、全范围配置的新一代电力交易平台。作为支撑全国统一电力市场建设的重要技术载体,2019年北京电力交易中心组织统一设计研发,2020年完成省间电力交易平台上线运行,2021年将完成省级电力交易平台上线运行。新一代电力交易平台基于云平台、微服务等信息技术,实现电力交易业务市场出清、市场结算、市场合规、市场服务、信息发布、系统管理六大应用,达成与调度机构、电网营销、电网财务等系统的横向集成和与北京交易中心的纵向集成,支撑电力交易全业务线上运作。

新一代电力交易平台,其平台层由云平台的平台层组件构成,为上层提供底层技术能力支撑。基础服务层依托云平台组件来构建通用服务能力,为微服务层提供基础服务支撑。微服务层根据业务的抽象和分类,构建了实现各种业务主要业务逻辑的微服务,提供业务快速响应能力。微应用和展现层将业务能力以可视化的方式提供用户与系统的人机交互途径。

9.1.2 平台功能

为满足全国统一电力市场新业务需求，基于微服务构建市场服务、市场出清、市场结算、信息发布、市场合规、系统管理六大应用。

市场服务包括市场主体注册、交易数据申报、信息查询、市场互动服务等功能。为发电企业、电力大用户、零售用户、售电公司等各类市场主体提供全生命周期信息管理，满足对海量电力用户市场注册的需求。为各类市场主体提供基本信息注册、变更、审核、注销等管理功能，支持在全国统一电力市场规则下的各类市场主体的进入、退出市场业务流程，为交易业务提供基础信息管理支撑。

市场出清包括电能交易、发电权及合同交易、辅助服务交易、绿证交易、合同管理、计划管理等功能。其中，交易管理主要包括交易序列管理、准入成员校核、交易开标、交易计算、交易结果校核、交易结果发布等功能，支持直接交易、发电权交易、合同转让交易等类型，每种类型又可细分为双边协商、集中竞价、挂牌等交易方式，支持长期、年度、季度/月度、月内、短时等多周期电力交易。合同管理包括支持对优先电合同、发电权交易合同、直接交易合同、转让类合同等管理功能，支持合同的草拟、制订、变更、执行、备案、终止等全业务流程。计划管理包括涵盖多周期（年、季、月）、全口径（发电、上网）和全流程（数据准备、编制、发布、跟踪分析）功能支持。

市场结算包括结算模型管理、中长期市场结算、现货市场结算、市场清算等功能。实现各类市场主体的复杂交易成分的电能结算功能，主要包括直接交易用户、零售用户、发电企业、售电公司的成分管理和结算计算等功能。基于市场注册信息、交易合同情况、实际结算电量数据等，基于中长期及现货等市场实施细则进行结算计算，并支持整个市场的上下调及月度清算。

信息披露包括年、季、月报信息披露、基础运营信息披露、日信息披露及实时信息披露等功能。根据市场规则及时披露市场信息，并确保信息的时效性、正确性、完整性和安全性。平台上的市场信息可以分为公众信息、公开信息、私有信息三大类。主要支持市场运营机构、电网企业及各类市场主体面向发电企业、电力用户、售电公司、政府部门、社会公众等进行各类信息披露。

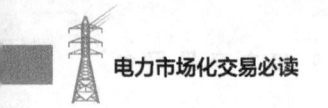

市场合规包括市场风险管控、主体信用评价等功能。开展统一市场管控和市场主体信用评价，实现针对市场秩序和市场主体的风险管控，保障电力市场合规平稳运行，为防范信用风险，维护电力市场交易秩序，营造公平、公正、公开的市场环境，提供理论基础和技术支撑。

系统管理主要包括用户管理、权限管理、流程管理、日志审计、系统配置、系统监控、系统诊断分析等功能实现平台的运行管理。

9.1.3 平台构成

平台主要包括新一代电力交易平台、可再生能源消纳责任权重系统、电力交易中心统一门户、"e-交易"App 四个部分。

（1）新一代电力交易平台。作为电力市场运营支撑的关键平台，承担了包含中长期、现货、辅助服务等整个电力市场的注册、结算、信息披露，以及中长期市场的交易、合同等功能。直接面向所有市场主体提供平台服务。

（2）可再生能源消纳责任权重系统。以《中华人民共和国可再生能源法》《可再生能源发电有关管理规定》《可再生能源电力配额及考核办法》的相关规定要求为方针指导，结合各省电力交易工作的新形势和交易中心职能定位，由北京电力交易中心牵头研发，具备责任主体注册管理、消纳账户管理、绿证管理、绿证交易管理、超额消纳电量管理、超额消纳电量交易、考核管理等功能。有效支撑"超额消纳量"和"可再生能源绿色电力证书"在省内和省间市场开展交易，根据国家可再生能源开发利用中长期总量目标、能源发展战略及规划，以优先利用可再生能源为目的，对各省级行政区域内的可再生能源责任权重管理实施进行支撑，以推动能源生产和消费革命。

（3）电力交易中心统一门户。为更好地服务市场主体，树立电力交易服务品牌，交易中心根据统一部署，在新一代电力交易平台基础上，设计建设了交易门户网站，为市场主体提供统一标准的用户访问和信息服务入口。网站以统一、标准的用户体验，推出新闻中心、市场公示、政策与培训等基础功能，内容正在逐步丰富完善。打造电力市场服务统一入口和统一品牌，为市场主体提供多元技术服务。

（4）"e-交易"App。为加快推进全国统一电力市场建设，切实提升市场服务水平，交易中心根据统一部署，以新一代电力交易平台为后台，建设了"e-交易"移动App前端服务平台。目前，App已上线试运行中，基本具备了为市场主体提供多元服务、构筑交易生态的技术条件。通过该App，可以实现：①查询、查看国家电网公司供电范围内各交易中心披露的信息资讯及信息披露，包含要闻、行业、市场公告等；②可参与话题讨论，构建电力交易"朋友圈"；③为批发市场主体提供线上交易意向披露、洽谈。

9.1.4 平台集成

平台集成包括与电网营销的市场化售电系统，电网营销的需求侧响应系统，电网调度省间、省内现货系统，电网调度辅助服务系统，电网财务系统，北京电力交易中心平台六个方面的集成。

（1）与电网营销的市场化售电系统集成，以支撑市场化电力用户注册及结算相关业务开展。获取用户计量点档案信息、三方协议签订信息、计量点变更信息、计量点抄表电量（月度分时段电量及各日24点电量）信息、发电企业抄表电量等，推送入市售电公司基本信息、用户与售电公司代理关系建立及变更信息、用户结算分割后的电量结算结果信息等。

（2）与电网营销的需求侧响应系统的集成，以支撑高耗能用户的带曲线交易业务开展。获取各高耗能用户的24点保安负荷、最大容量、电网24点的总可用电力等，推送各高耗能用户的24点交易成交曲线等。

（3）与电网调度省间、省内现货系统集成，以支撑现货业务的开展。推送入市主体基本信息、交易申报数据等，接收交易方案、出清结果、执行结果、信息披露等。

（4）与电网调度辅助服务系统集成，以支撑辅助服务业务的开展。推送入市主体基本信息等，接收出清结果、信息披露等。

（5）与电网财务系统集成，以支撑发电企业和售电公司的电费结算业务开展。推送入市主体基本信息、发电企业与售电公司的电量结算结果等，接收发电企业电价信息等。

（6）与北京电力交易中心平台的纵向集成，以支撑两级平台运作。推送主体注册基本信息、市场信息统计上报、购售电数据等，接收省间交易、合同、

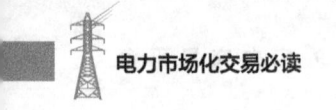

结算数据。

后续，将逐步开展与各市场主体信息系统的集成，包括增量配电网、区域电网、售电公司等，以提升与各主体的数据交互能力。

9.2 功能开发流程

（1）需求提出。各市场主体、市场运营人员等各类平台用户，可根据自身业务需要，以电力交易平台需求提报单的形式，提出平台改造需求。需求提报单中应包含需求背景、需求详细描述、预期效果及具体菜单。需求详细描述，应明确功能项的功能的岗位角色、界面设计、用例、输入、输出及处理过程等功能规格，报表类需求应提交表样清单。需求详细描述需涵盖功能性需求与非功能性需求。功能性需求是一个系统必须提供的活动和服务描述，可以根据满足系统建设目标的输入、输出、流程和储存的数据来定义。非功能性需求是指软件产品为满足用户业务需求而必须具有的除功能性需求之外的特性，一般包括系统的性能、可靠性、可维护性、可扩充性及对技术和业务的适应性等。若是报表需求，则需提供报表模板与验证案例。

（2）业务审核。交易中心业务归口管理部门及相关业务部门主要从业务合理性及可行性角度对平台需求提报单内容进行审核。

（3）技术审核。交易中心技术部门主要从数据条件和技术可行性角度对平台需求提报单内容进行审核。

（4）平台开发。交易中心技术部门将平台需求纳入开发计划，并负责组织平台研发团队进行具体的开发及内部测试。对于较复杂需求，还需组织需求提出人对开发团队进行技术咨询。

（5）用户测试。交易中心技术部门针对已完成开发并通过开发内部测试的功能，组织需求提出人或业务部门进行用户测试。

（6）部署上线。交易中心技术部门针对用户测试通过的功能，制定平台升级检修计划，编制检修方案及测试方案。按照检修计划对电力交易平台生产机进行升级检修，完成功能上线，最后向需求提出方及相关方反馈情况。

9.3 平台应用

9.3.1 注册

电力交易平台支持的市场主体注册类型主要有：发电企业、售电公司、电力用户、电网企业，以及其他市场主体类型［如分布式发电企业（个人）、独立储能企业、辅助服务聚合商等］。

（1）市场主体注册流程为：首先市场主体在电力交易平台外网填报注册信息，然后提交审批，由交易中心相关业务人员通过平台内网进行审批，审批生效后用户办理 CFCA 证书，再联系交易中心绑定证书。

（2）发电企业注册信息主要包括：工商信息、法定代表人信息、银行开户信息、联系信息、基本信息［包括购电类型、购（售）电层级、入市日期等］、权益信息、联系人信息，以及机组信息（包括机组附件）。

（3）售电公司注册信息主要包括：工商信息、法定代表人信息、银行开户信息、联系信息、基本信息（包括售电公司类型、业务范围、属地等）、资产信息、电力市场技术支持系统信息、场所信息、股东信息、联系人信息、从业人员信息，以及配电网信息。

（4）电力用户注册信息主要包括：工商信息、法定代表人信息、银行开户信息、联系信息、基本信息（包括电力用户类型、用电电压等级、电价行业类别等）、联系人信息，以及用电单元信息。

（5）电网企业注册信息主要包括：工商信息、法定代表人信息、银行开户信息、联系信息、基本信息，以及联系人信息。

9.3.2 中长期交易

电力交易平台支持交易周期可灵活配置的中长期交易机制，将市场交易的不同品种按照交易标的、交易方式、交易范围等的不同进行分类，实现电能交易、辅助服务交易、发电权及合同转让交易等交易标的，双边协商、集中竞价、挂牌等交易方式，以及省间和省内交易的全市场交易品种交易规则的灵活配置。

交易组织的平台业务操作基本流程（集中竞价、挂牌与双边协商略有不

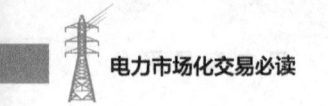

同）：交易序列创建→准入成员抽取→交易公告发布→交易申报→交易开标→交易计算→无约束交易结果发布→无约束交易结果确认→安全校核→交易结果调整→交易结果发布→交易结果争议及处理。

电力交易平台发布相关的交易序列，发电企业等市场主体在外网平台进行交易电量与电价的申报。准入成员抽取功能对每个交易序列的准入成员信息进行抽取、校核，包含市场成员的批复上网电价、单机容量、容量合计等信息，确保参与交易的市场成员合法合规。双边协商交易由购方在平台外网申报电量和电价，售方进行确认。参与集中竞价或挂牌交易的用户在外网申报电量与电价后，内网需要对此进行开标，开标的过程就是用户申报数据解密的过程。对开标后的数据，按照各省的交易规则（价格优先、时间优先、环保优先等）进行撮合计算。对成交后的交易结果进行校核，形成有约束的交易结果。

9.3.3 现货交易

现货交易指在系统实时运行日前1天至实时运行之间，通过电力交易平台集中开展的实时交易活动的总称，包括省间现货交易与省内现货交易。省间、省内现货交易分别包含日前现货交易、日内现货交易。

（1）日前现货交易：按照省间及省内现货市场相关规则开展交易，在约定时间点前，电网调度向交易平台推送机组预计划、日前通道可用容量、机组检修计划、系统负荷预测、电力平衡裕度等信息，交易平台接收后向市场主体进行信息披露，市场主体根据披露信息自主申报分段电力电价，交易平台将日前申报数据推送给电网调度现货系统，由电网调度进行出清后将结果返回给交易平台，后由交易中心通过交易平台披露成交价格。

（2）日内现货交易：日内交易一天24h按照12个方案号进行数据申报，以省间现货为例，日内申报在交易时间110min前，偶数点10分截止申报，偶数点11分推送相关数据给电网调度出清。

目前，电力交易平台支持现货交易申报、交易结果查询、交易结算，以及现货交易成分日清分等功能，实现了与电网调度现货系统的数据交互。交易平台现货交易主要的操作流程为：现货配置→交易序列创建→准入成员维护→现货申报→现货缺省申报→申报数据推送电网调度→电网调度出清→出清结果返回交易平台→现货结果查询。

9.3.4 合同

电力交易平台合同管理模块支持对基数电量合同、发电权交易合同、直接交易合同等管理功能，支持合同的草拟、制订、变更、执行、备案、终止等全业务流程。市场化合同均是基于交易结果而生成的结构化电子合同，同时支持合同的手工创建及维护。针对每场交易的交易结果，平台支持直接将整场交易结果进行电子合同的批量生成。对于未通过电力交易平台签订的交易合同可通过省内合同人工录入的方式手工创建。合同文本管理功能实现了按合同范本自动生成电子合同。合同查询功能支持基于合同名称、合同类型、合同序列查询已生成的合同。

9.3.5 结算

电力交易平台实现了各类市场主体的复杂交易成分的电能结算功能，主要包括发电企业、零售用户、售电公司的成分管理和结算计算、清算等功能。

（1）发电企业结算优先统计各发电企业上网电量，电量数据来源于用户外网自主申报及调度采集的电能量采集系统（tele meter reading，TMR）电量，然后抽取市场出清合同数据（包含市场化合同与基数计划电量），根据各合同类型维护结算类型，抽取合同成分管理电量电价，按照各省中长期交易结算规则计算分时段的市场化合同、基数合同、上调、下调、偏差考核等结算类型的电量电价电费，最后将结算结果生成结算单，审批后发布。

（2）零售用户结算根据售电公司与零售用户申报后确认电价，交易中心将确认电量电价进行计算认定，抽取从营销系统获取的总电量数据进行分时段电量拆分，根据各省中长期交易结算规则将拆分后的数据进行分割计算，计算后的数据按总时段电量汇总后推送至营销系统。

（3）售电公司结算抽取售电公司各时段合同成分电量电价，按照各省中长期交易结算规则，基于零售用户市场化合同和代理零售用户汇总的用电量及结算结果，计算分时段购电合同及偏差的量价费、零售用户价差电费，最后将结算结果生成结算单，审批后发布。

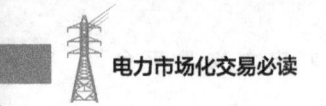

（4）发电企业批发市场电费清算功能根据各省中长期交易实施细则，计算分时段下调价差电费、总下调分摊电费、总上调分摊电费、上调服务电费、下调服务电费、总剩余分摊电费、市场清算电费，并分摊到各发电企业，最后将结算结果生成结算单，审批后发布。

9.3.6 信息披露

根据市场规则及时发布市场信息，并确保信息的时效性、正确性、完整性和安全性。电力交易平台上的市场信息可以分为公众信息、公开信息、私有信息三大类。向发电企业、电力用户、售电公司、政府部门、社会公众发布电力交易和电网运行信息。平台配置了交易机构，调度机构，及电网营销、财务、发展等部门的菜单页面和审批权限，支持交易、调度机构及电网企业通过交易平台向市场主体发布信息，同时支持市场主体在交易平台外网开展信息披露。

电力交易平台信息披露的操作流程为：在披露项菜单里新增信息发布内容后提交审批，交易中心相关负责人审批通过后发布。

9.3.7 综合服务

电力交易平台外网综合服务模块主要包括以下功能。

（1）市场成员培训：向发电企业、电力用户、售电公司等市场主体发布培训公告和培训资料，培训公告主要包含培训日期、培训对象、培训内容、培训地址等内容。

（2）电力交易知识库：记录电力交易平台应用常见问题及处理方式，形成知识库，用户可以根据知识名称、标签进行查询，实现了电力交易相关知识从产生、沉淀、优化、应用的全生命周期管理。

（3）服务质量管理：包含意见建议、问题咨询、调查问卷、我要投诉等功能，面向发电企业、电力用户、售电公司等市场主体开放使用，各市场主体可以通过意见建议或投诉功能在线提出自己的意见和建议，以帮助交易中心进行服务改进或业务功能调整。对于在平台使用或规则解读等过程中遇到的不理解、不会用、不可用等问题，市场主体可以通过平台问题咨询功能在线提问，交易中心相关人员进行问题解答。

9.4 可再生能源消纳责任权重系统

按照国家建立健全可再生能源电力消纳保障机制相关要求，由北京电力交易中心牵头建设了可再生能源消纳责任权重系统，支撑省间省内超额消纳凭证交易、可再生能源消纳监测统计等业务。可再生能源消纳责任主体包括电网公司、配电网售电公司、独立售电公司、批发电力用户和自备电厂企业。市场主体完成消纳量的最主要途径是实际消纳可再生能源，两种补充（替代）方式是向超额完成的市场主体购买消纳量和自愿认购绿证。电力交易机构负责承担消纳责任主体的消纳量账户设立、消纳量核算及转让交易、消纳量监测统计工作。

可再生能源消纳责任权重核算的业务流程为：

（1）国家下达本年度各省可再生能源消纳责任权重；

（2）各省政府制定本省实施方案；

（3）责任主体在交易中心注册；

（4）交易中心建立责任主体消纳账户；

（5）责任主体实际消纳可再生能源；

（6）电力交易平台每月生成消纳量，其中与可再生能源直接交易的主体按照结算数据生成消纳量，未接入公用电网责任主体每月将政府认定发用电数据发交易中心，电网企业统购电量向责任主体分摊；

（7）交易中心实时统计、监测和预警各责任主体消纳电量完成情况；

（8）交易中心计算消纳责任完成情况、超额消纳量；

（9）各省电力交易中心组织省内超额消纳凭证交易；

（10）北京电力交易中心、广州电力交易中心联合组织全国超额消纳凭证交易、补充绿证交易；

（11）交易中心核算消纳责任权重完成情况，报送政府相关部门。

9.5 "e-交易"App

"e-交易"移动App为电力交易平台的前端服务平台，零售用户可通过"e-交易"进行注册及登录。苹果、华为、小米等手机用户可在应用市场中下载"e-

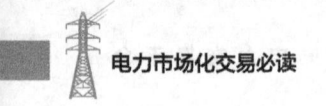

交易"。通过"e-交易"登录时，绑定手机号关联已有交易平台账号，绑定后可直接使用平台账号登录。"e-交易"支持零售用户与售电公司绑定申请、解绑申请发起并确认，提交至交易平台后流程可正常流转。通过该 App，用户可查看包括国家电网公司供电范围内各交易中心披露的信息资讯及信息披露等内容。

9.6　平台安全与保密管理

电力交易平台信息安全与保密管理工作涵盖建设、测评、运行、数据、人员等方面，实行全过程闭环管理。电力交易平台信息安全与保密管理的主要任务是确保电力交易平台持续、稳定、可靠运行，保障电力交易工作正常、有序开展；加强电力交易平台账号、权限、流程、密码管理，保障正确授权操作；加强电力交易信息安全与保密管理，防止数据信息泄漏或毁损。

电力交易平台信息安全与保密工作遵循"谁主管谁负责；谁运行谁负责；谁使用谁负责；管业务必须管安全"的原则，严格落实信息安全与保密责任。交易机构主要负责人是电力交易平台信息安全与保密工作第一责任人。交易机构技术部是电力交易平台信息安全与保密工作的归口管理部门，主要负责具体组织、实施、检查电力交易平台的安全管理，并指导、监督平台使用部门和人员加强信息安全与保密工作。各业务部门是电力交易平台日常应用管理部门，负责监督电力交易平台用户规范使用平台、加强电力交易信息保密管理。

9.6.1　平台建设与测评管理

在电力交易平台可研阶段，应全面分析网络与系统安全风险，开展等级保护定级。在电力交易平台设计阶段，应制定系统安全防护方案。在电力交易平台研发阶段，应确保生产环境与开发测试环境的物理隔离，采用的开发平台、开发工具、第三方软件及服务应符合统一要求，编写的代码应规范、安全。

安全测试管理要求如下：

（1）电力交易平台在开发过程中应同步开展代码安全检查和安全测试工作。

（2）平台承建单位应严格落实内部安全测试机制，完善内部安全测试手段。在提交第三方安全测试前应进行出厂前安全测试，并提交测试报告。

（3）平台上线前，应通过具有信息安全测评资质的第三方安全测试机构的测试。

（4）重视对用户隐私数据的保护，禁止在测试中使用实际业务生产数据。

（5）平台承建单位应遵循软件著作权管理要求，及时将软件著作权资料移交至软件著作权受托管理单位，确保提交资料的真实性、完整性和可用性，确保提交代码与安全测试通过代码、现场部署实施代码版本一致。

安全测评管理要求如下：

（1）定期组织开展电力交易平台的等级保护测评和整改工作。

（2）等级保护测评机构应具有国家信息系统安全等级保护管理机构的推荐资质，从事等级测评的人员应具有等级测评师资质。

（3）从事电力交易平台等级测评工作的机构应履行《电力行业信息安全等级保护管理办法》相关义务和责任。

9.6.2 运行管理

（1）加强电力交易平台的访问权限管理。按照最小服务配置和最小授权原则，对安全策略、安全配置、日志和操作等方面做出具体规定，明确各个角色的权限、责任和风险；详细记录日常操作、运行维护记录、参数设置和修改等内容，严禁任何未经授权的操作；定期开展运行日志和审计数据分析工作，及时发现异常行为。

（2）加强电力交易平台建设、运维人员管理。监督开发和运维人员严格遵守公司信息安全与保密管理规定，按授权使用电力交易平台，严格保守公司商业秘密，禁止擅自修改系统软件、调整系统配置，禁止擅自录入、修改、传输、存储电力交易数据。

（3）强化电力交易平台漏洞及补丁的管理工作。技术部应定期组织对电力交易平台进行安全评估和安全加固，及时发现、修复各类漏洞。运维单位做好平台运行期间的漏洞发现、问题反馈、漏洞修复和复查。

（4）加强电力交易平台计算机网络的互联管理。禁止非授权人员链接和操作电力交易平台服务器、终端计算机，禁止非授权人员擅自、非法搭接网络线路，终端计算机非工作期间应关机，长时间不在必须设置屏幕保护密码。未经

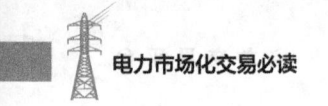

授权，任何人不得接触电力交易平台信息设备。

（5）电力交易平台按照相应的信息系统安全等级防护定级要求进行安全加固和防护。平台服务器仅允许授权 IP 范围及与之有应用集成和数据交换关系的其他特定信息系统访问。

（6）对电力交易平台的远程访问和维护按照信息安全与保密管理有关规定办理。禁止通过互联网或信息外网远程运维方式进行电力交易平台的维护及技术支持工作。内网远程运维应履行审批程序，并对各项操作进行监控和记录。需要临时授权外部人员安装、维护电力交易平台时，技术部相关人员需全程参与、记录操作过程，防止信息泄露和数据丢失。事后必须冻结或删除用于维护操作的账号，并修改相关账号口令。

（7）加强安全审计工作。实现对电力交易平台主机、数据库、中间件、业务应用等的安全审计，做到事中、事后的问题追溯，记录平台运行状态、安全事件，留存相关日志不少于 6 个月。

（8）建立电力交易平台信息安全应急机制，优化完善应急预案，落实常态应急演练工作，做好应急保障工作。

（9）平台下线应进行全面评估，确认平台下线后的残留风险以及是否对其他系统造成影响，下线后应撤销备案并腾退设备。报废设备的关键存储部件应进行数据擦除和销毁处理。

9.6.3 用户账号权限管理

用户使用电力交易平台，必须事先按规定程序书面申请授权，由系统管理人员按所批准权限正确设置账号、权限，用户应使用本人账号，按业务流程、岗位权限进行平台操作，严禁违规、越权使用平台。

电力交易平台须严格进行身份认证，一人一个账号，不允许匿名用户登录使用。用户应定期修改密码，不得设置空密码或简单密码，不得向任何人透露电力交易平台登录密码等相关信息。经批准临时替岗移交账号使用的，接交人应立即更改相关密码。用户操作平台完毕后，应及时退出应用模块，禁止长时间闲置在电力交易平台中。

电力交易平台须设置用户登录、访问时段限制，防止外部非工作时间的信息安全攻击。

电力交易平台内部用户的权限必须按工作范围根据岗位权限进行申请和审批，严格管理账号和密码。

用户权限新增和变更必须按要求填写申请表。对申请权限需履行审批、签字盖章等程序，由技术部相关专责在平台中维护。

技术部定期组织开展对电力交易平台用户账号、权限的检查。通过系统查询并导出用户的角色权限清单，按照岗位职责权限，对用户操作范围、操作模块、操作功能进行一一核对，及时删除离岗、不在岗人员账号；对权限过大和权限交叉的问题用户进行集中清理。

9.6.4　数据安全与保密管理

涉密数据应按照安全与保密相关要求进行管理，应采取权限控制、安全加密、数字签名、安全审计、数据脱密、脱敏等技术措施，确保数据在产生、收集、传输、存储、处理、销毁等全环节的安全。

定期梳理相关重要数据，强化重要数据识别，明确数据保护对象，建立数据资产目录。对商业秘密数据、用户敏感数据、跨专业共享数据，以及通过各类介质提供给社会第三方的重要数据，进行安全备案管理。

加强数据在对外提供过程中的安全与保密管理。一方面，应通过签订合同、保密协议、保密承诺书等方式，确保内外部合作单位和供应商的数据安全管控。严禁外部合作单位、技术支持单位和供应商在对互联网提供服务的网络和信息系统中存储或运行商业秘密数据和重要数据。另一方面，未经批准禁止向外部单位提供商业秘密数据和重要数据。对于需要利用互联网企业渠道发布社会用户的业务信息，应采用符合要求的数据交互方式，并通过测评和审查。严格禁止在互联网企业平台存储重要数据。

建立健全数据安全监测、审计机制及相关技防措施，强化重要数据审查和内容审查，提高对各类信息失泄密事件的发现、处置、溯源能力。

按照数据重要程度分类，明确备份及恢复策略，严格控制数据备份和恢复过程，妥善保存备份记录。重要和敏感信息实行加密存储，对重要数据进行自动、定期备份。

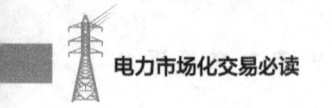

加强移动存储介质和互联网的安全使用管理。不得在互联网存储、处理、传递电力交易信息，确实必要的，应采取严格的加密措施。

严格遵守电力交易平台业务管理规定，规范处理各项业务，避免因人为操作原因导致必须调整后台数据、影响平台稳定的事件发生。

9.6.5 人员安全与保密管理

按照交易机构确定的岗位，确定电力交易平台建设、运行、使用等相关岗位的信息安全与保密职责，设置专门的信息安全与保密管理岗位，配备安全与保密管理人员，明确安全与保密工作职责。信息安全与保密岗位人员发生调动、离职等工作变化时，应在调动（离职）前收回平台相关访问权限并签署保密协议，调动（离职）后在规定期限内应修改原岗位人员所有账号口令。

交易机构应加强员工信息安全与保密管理，与关键岗位员工签订保密协议，明确信息安全与保密的内容和职责。定期组织开展员工信息安全与保密培训工作，提高全员安全保密意识。对承担电力交易平台运维管理等关键岗位人员开展安全与保密培训和考核，对平台运维关键岗位建立持证上岗制度，明确持证上岗要求。

第三方单位在为交易机构提供电力交易平台建设、运维、咨询服务等业务前，应对其资质、背景和业务情况进行核查，应与其签署保密协议和《网络安全责任书》，并与其相关人员签署保密协议和《网络安全承诺书》。到交易机构开展信息安全检查工作的人员，应与其签署保密协议；开展信息安全交流、调研等工作的人员，应严格控制各类交流和迎检材料扩散范围。

9.7 常见问题处理

（1）电力交易平台登录。因平台涉及安全组件等，故对浏览器版本有一定要求。为达到最好的使用效果，请关注电力交易平台相关栏目中发布的相关说明。目前电力交易平台需使用 Windows 7 及以上系统，并使用谷歌浏览器（Google Chrome），版本为 86 及以上。平台网站使用了超文本传输安全协议，URL 地址（即平台网站地址）需以"https://"开头。以湖南电力交易平台为例，平台网址为 https://pmos.hn.sgcc.com.cn 和 https://pmos.hn.sgcc.cn。

（2）账号及证书（Ukey）的管理。一家市场主体可以申请多个用户账号，但一个账号只能绑定一个 Ukey。参与批发电力市场的市场成员（含发电企业、售电公司、电力大用户）须使用 Ukey 登录平台；零售用户无须使用 Ukey，可直接登录平台。在 Ukey 丢失，或密码被锁时，可以更换 Ukey，但需要向交易机构针对新换的 UKey 申请账号绑定。Ukey 到期后可选择续费或更换，然后重新办理 Ukey 绑定。

（3）操作手册等文档资料的下载。在电力交易平台首页→信息披露→标准规范菜单下，提供了电力交易平台操作手册、市场主体注册流程、电力交易平台数字证书办理说明、电力交易平台登录常见问题解决办法、电力交易平台培训视频等资料下载。交易机构会根据平台升级情况，及时更新相关用户手册。请各市场主体在电力交易平台相关栏目获取。

（4）电力交易平台技术支持的获取。有四种方法：①根据电力交易平台发布的用户手册进行自助解答；②拨打技术支持电话热线；③前往交易机构服务大厅请求技术支持；④积极参加交易机构举办的相关培训。

（5）电力交易平台意见、建议的反馈。有五种：①通过电力交易平台外网综合服务模块填报意见、建议；②通过向交易机构公务邮箱发送具体意见、建议；③向交易机构相关业务对口人员提出；④通过拨打技术支持电话进行反馈；⑤在培训过程中填写相关反馈。

10 电力交易综合管理

10.1 电力交易机构的公司化管理

10.1.1 党组织

根据《中国共产党章程》规定，经上级党组织批准后，电力交易机构应设立党组织。党的委员会由书记及其他党组织成员组成。党的工作机构设置、人员编制纳入电力交易机构管理机构和编制，党组织工作经费纳入交易机构预算，从机构管理费中列支。机构决定重大问题，应事先听取机构党组织的意见。参加有关会议的党组织成员应当按照党组织会决定发表意见，进行表决。

交易机构党组织在公司治理结构中具有法定地位，全面履行领导责任，充分发挥政治功能和组织功能，把党的领导落实到公司治理各环节，推动党的主张和重大决策转化为公司战略目标、工作举措、广大职工的自觉行动和企业改革发展的实际成效，为公司高质量发展提供坚强政治和组织保证。电力交易机构的党组织研究讨论是董事会、经理层决策重大问题的前置程序，重大经营管理事项须经党组织研究讨论后，再由董事会或者经理层作出决定。电力交易机构党组织领导电力交易机构的意识形态工作、思想政治工作、精神文明建设，领导工会、共青团等群团组织。

交易机构党组织应坚持以下工作原则：

（1）坚持旗帜鲜明讲政治，加强党的领导，增强"四个意识"、坚定"四个自信"、做到"两个维护"，坚决贯彻落实党的理论和路线方针政策，坚决贯彻落实党中央重大决策部署，不断增强政治判断力、政治领悟力、政治执行力，在思想上政治上行动上同以习近平同志为核心的党中央保持高度一致；

（2）坚持全面从严治党，担当管党治党主体责任，贯彻新时代党的建设总要求，贯彻新时代党的组织路线，推动全面从严治党向纵深发展；

（3）坚持民主集中制，确保支委会活力和坚强有力，推动形成良好政治局面；

（4）坚持依据党章党规开展工作，在宪法法律和公司章程范围内活动；

（5）坚持正确领导方式，落实"两个一以贯之"要求，把加强党的领导与完善公司治理统一起来，实现支委会发挥领导作用与董事会、经理层依法依章程履行职责相统一；

（6）坚持党建工作与生产经营深度融合，以企业改革发展成果检验党组织工作成效。

交易机构党组织在重大事项决策中履行决定职责，具体包括：

（1）贯彻党中央、上级党组织、省委省政府决策部署和落实国家发展战略、全省区域发展战略的重大举措；

（2）向上级党组织请示报告的重要事项；

（3）公司章程及基本管理制度；

（4）公司发展战略、重大部署和重大事项；

（5）重大改革事项；

（6）重要人事任免等事项；

（7）重大项目安排；

（8）额资金使用、大额资产处置、重大投融资、年度财务预决算等重要事项；

（9）职能配置、机构设置、人员编制、职工权益等重要事项；审计、巡察、督查检查、考核奖惩等重要事项；

（10）党的建设、全面从严治党方面的重要事项；

（11）思想政治工作、统一战线、群团组织等重要事项；

（12）其他应由公司党支部决定或前置研究讨论的重要事项。

公司党组织按照集体领导、民主集中、个别酝酿、会议决定的原则作出决策，实行科学决策、民主决策、依法决策。作出重大决策时，一般应当经过调查研究、征求意见、充分酝酿等程序，按规定开展合法合规审核和风险评估，由集体讨论和决定。讨论和决定人事任免事项，应当严格按照《党政领导干部选拔任用工作条例》等有关规定执行。

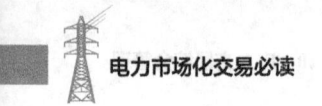

公司支党组织议事决策一般采用党组织会议形式。会议由党组织负责人负责召集和主持。党组织负责人因故不能主持，但急需召开会议时，可委托副职或党组织委员会其他成员主持。会议议题由党组织负责人提出，或者由其他成员提出建议，党组织负责人综合考虑后确定。会议议题应当提前书面通知党组织成员。党组织前置研究讨论议题的提出应当符合公司有关制度规定。

会议议题提交表决前，应当进行充分讨论。表决可以采用口头、举手、无记名投票或者记名投票等方式进行，赞成票超过应到会支委会成员半数为通过。未到会支委会成员的书面意见不得计入票数。表决实行会议主持人末位表态制。会议研究决定多个事项的，应当逐项进行表决。如需对决策内容作重大调整，应当重新按规定履行决策程序。

对于突发事件和紧急情况，不能及时召开支委会会议，但必须尽快作出决定的，由支部书记临机处置，事后向支委会会议报告。

支委会会议决定事项应当以会议纪要形式发布。支部党务联系人负责会议记录和纪要整理工作。支委会会议纪要经综合部或服务部处长审核后，由支部书记签发。公司支委会决策一经作出，应当坚决执行。公司支委会应当督促推动公司领导班子依法依章程及时全面落实支委会决策。支委会成员应当在职责范围内认真抓好支委会决策贯彻落实。

公司支委会应当建立有效的督查、评估和反馈机制，确保支委会决策落实。

10.1.2 三会一层运行

根据国家发展改革委、国家能源局《关于推进电力交易机构独立规范运行的实施意见》的通知（发改体改〔2020〕234号），需要完成交易机构股份制改造，推进公司化规范运营。电力交易机构是平台型、服务型公司，是特殊的公司，不以营利为目的，电力交易机构全体股东组成股东会，是电力交易机构最高权力机构。电力交易机构应设立董事会，董事会是公司经营管理的决策机构，向股东会负责。董事会聘任公司高级管理人员，包括总经理、副总经理、财务负责人以及其他由机构按照规定明确聘任为高级管理人员的人员。

10.1.2.1 股东的权力和义务

股东履行了出资义务后，享有的权利应该包括：

（1）参加或推选代表参加股东会，按出资比例行使表决权；

（2）依据电力交易机构章程规定推荐、选举和更换由非职工代表担任的董事、监事；

（3）查阅、复制电力交易机构章程、股东会会议记录、董事会会议决议、监事会会议决议和财务会计报告；

（4）按照法律、行政法规及章程的规定转让或受让对电力交易机构的股权；

（5）依照法律、法规和电力交易机构章程的规定，在机构终止、解散、清算时，按其持有出资比例参加机构剩余财产的分配；

（6）电力交易机构新增资本时，优先按照实际缴纳的出资比例认缴出资；

（7）电力交易机构公积金转增资本，由股东各方按实际缴纳的出资比例拥有；

（8）享有法律、法规及电力交易机构章程规定的其他股东权利。

同时，股东应负有的义务包括：

（1）遵守电力交易机构章程，保守机构秘密，自觉维护机构利益，服从和执行股东会决议，保障机构公平、公正运营；

（2）按章程规定足额缴纳认缴的出资额；

（3）以其认缴的出资额为限对电力交易机构承担有限责任；

（4）电力交易机构经核准登记注册后，不得抽回出资；

（5）除非有合理的原因，股东或其委托代表应当按时出席股东会议，并促使股东推荐的董事、监事按时出席董事会会议和监事会会议；

（6）不得利用股东身份非法或违规干预电力交易正常秩序与活动；

（7）不得滥用股东权利损害电力交易机构、其他股东或市场成员的合法权益；

（8）有关法律、行政法规和机构规定的其他股东义务。

10.1.2.2　股东会的运行

股东会主要行使以下职权：

（1）决定机构的战略和发展规划；

（2）决定机构的经营方针和投资计划；

（3）组建董事会、监事会，选举和更换由股东代表出任的董事、监事；

（4）审议批准董事会的报告；

（5）审议批准监事会的报告；

（6）审议批准机构的年度财务预算方案、决算方案；

（7）审议批准机构的利润分配方案和弥补亏损的方案；

（8）对机构增加或者减少注册资本作出决议；

（9）对机构合并、分立、解散、清算、申请破产、变更机构形式作出决议；

（10）修改机构章程；

（11）审议批准机构资产转让、产权变动事项；

（12）批准机构重大财务事项和重大会计政策、会计估计变更方案；

（13）对年度财务决算进行审计、对重大事项进行抽查检查，并按照负责人管理权限开展经济责任审计；

（14）法律、行政法规或章程规定的其他职权。

股东会会议是股东行使职权的重要形式，分为定期会议和临时会议。定期会议每年至少召开一次。经代表十分之一及以上表决权的股东、三分之一及以上董事或者监事会提议，应当召开临时股东会会议，临时股东会会议决议与定期股东会会议决议具有同等效力。定期会议应当于会议召开15日前通知全体股东，临时会议应当于会议召开5日前通知全体股东，涉及股东会审议事项所需文件、信息和资料，应当与通知一并送达全体股东。

股东会首次会议由出资最多的股东召集和主持。后续股东会会议由董事会召集，董事长主持。董事长不能履行职务或者不履行职务的，由半数以上董事共同推举1名董事主持。董事会不能履行或者不履行召集股东会会议职责的，由监事会召集和主持；监事会不召集和主持的，代表十分之一及以上表决权的股东可以自行召集和主持。股东会决议由各股东法定代表人或其授权代理人签署后生效。

由股东按照出资比例行使表决权，决议经代表二分之一及以上表决权的股东表决通过，但对股东会会议作出修改章程、增加或者减少注册资本以及机构合并、分立、解散或者变更机构形式的决议，必须经代表三分之二及以上表决权的股东表决通过。重大决议需报政府相关部门批准后执行。股东可由其法定

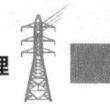

代表人出席会议，也可以书面委托代理人出席股东会并代为行使表决权。代理人出席的，应当向公司提交股东授权委托书，并在授权范围内行使表决权，该被委托人不得泄露公司商业机密，否则该股东及被委托人向公司及其他股东共同承担侵权责任。

股东会应对所议事项的决定制作书面会议记录或专项决议，出席会议的股东代表应在会议记录或决议上签名。任何书面决议经各股东法定代表人或其授权代理人签署并达到有效表决，则该决议视为股东会通过的有效决议。会议记录或决议应归档保存，专人保管，在机构经营期限内不得销毁、遗失。

10.1.2.3 董事会的运行

董事会的设立由章程明确，董事的数量一般为单数，有股东选举产生。董事会设董事长1名，为公司的法定代表人，由全体董事过半数选举产生。董事每届一般任期为3年，董事任期自股东会决议通过之日起计算。董事会应依法行使下列职权：

（1）贯彻党中央、国务院决策部署和落实国家发展战略的重大举措。

（2）公司经营方针、发展战略、中长期发展规划（含专项规划）。

（3）公司年度综合计划、预算安排及调整方案（含经营目标、经营计划、投资计划）。

（4）公司年度财务决算、利润分配、弥补亏损方案，增减注册资本方案。

（5）公司投资事项；

（6）公司股权转让事项；

（7）公司股权划转事项；

（8）公司增资扩股事项；

（9）公司资产收购事项，以及其他单项原值超过一定数额的固定资产变动事项。

（10）公司设立、合并、分立、改制、解散、破产和变更公司形式的方案。

（11）公司所属全资、控股单位设立、合并、分立、改制、解散、破产和变更公司形式的方案。

（12）涉及公司全局的重大综合性改革方案。

（13）公司部门（机构）的重大设置和调整方案。

（14）公司章程、董事会工作制度、董事会授权决策制度等基本管理制度。

（15）董事会授权决策方案、公司"三重一大"事项决策权责清单。

（16）公司投资项目负面清单。

（17）公司重大会计政策和会计估计变更方案（与预算一并履行决策程序）。

（18）公司民主管理、职工分流安置等涉及职工权益的重要事项。

（19）公司总经理、副总经理、总会计师等经理层成员的聘用、解聘事项。

（20）单项投资超过一定数额的建设项目。

（21）公司超过一定数额的应急资金支出。

（22）超过一定数额的对外捐赠和赞助事项。

董事会依照有关法律法规和规定，聘任或解聘公司总经理、副总经理。董事会应建立授权机制，将部分职权授予董事长、总经理行使。按照决策质量和效率相统一的原则，科学论证、合理确定董事会授权决策事项及其额度。公司重大投资项目、高风险投资项目以及法律法规、上级文件等明确要求不可授权的事项必须由董事会决策，不得授权。董事会不因授权决策而免责，当授权对象不能正确行使职权时，应当调整或者收回授权。授权决策方案由董事会办公室拟订，经支部委员会前置研究讨论、严格把关后，由董事会决定。授权决策方案应包括授权目的、授权对象、权限划分标准、具体事项、授权行使要求、授权期限、变更条件等授权具体内容和操作性要求。授权决策方案确定后，公司"三重一大"事项决策权责清单应及时调整，确保衔接一致。董事会定期跟踪掌握授权事项的决策、执行情况，适时组织开展专题监督检查，对授权行使效果予以评估，对授权事项实施动态管理，根据需要及时变更授权范围、标准和要求，确保授权合理、可控、高效。

发生以下情况，董事会应当及时进行研判，必要时可对有关授权进行调整或收回：

（1）授权事项决策质量较差，经营管理水平降低和经营状况恶化，风险控制能力显著减弱；

（2）授权制度执行情况较差，发生重大越权行为或造成重大经营风险和损失；

（3）现行授权存在行权障碍，严重影响决策效率；

（4）授权对象人员发生调整；

（5）董事会认为应当变更的其他情形。

董事会会议是董事会行使职权的重要形式。董事会会议包括定期会议和临时会议，召开会议的频次应当满足董事会履行各项职责的需要。董事会会议应当有过半数董事且过半数外部董事出席方可举行。董事会会议由董事长召集和主持，董事长因故不能召集和主持的，由过半数董事共同推举1名董事召集和主持。董事会原则上每年应至少召开一次定期会议。会议通知和所需文件、信息及其他资料，应当在会议召开5日前送达全体董事。三分之一以上董事提议时或者公司章程规定的其他情形，董事长应当自接到提议后5日内，召集和主持董事会临时会议。除不可抗力因素外，董事会定期会议原则上以现场会议形式举行。临时会议原则上采用现场会议形式；当遇到紧急事项且董事能够掌握足够信息进行表决时，也可采用视频会议、电话会议或者形成书面材料分别审议的形式对议案作出决议。董事会会议应当由董事本人出席。董事因故不能出席时，可以书面委托其他代理人代为出席并行使表决权，但外部董事不得委托非外部董事代为出席。委托人应当事先认真审阅议案材料，形成明确意见，并在委托书中载明授权范围、代为表决的意见、授权的期限等。

董事会实行集体审议、独立表决、个人负责的决策制度。董事会决议的表决，实行一人一票。董事可以表示同意、反对、弃权。表示反对、弃权的，必须说明具体理由并记载于会议记录。董事会决议分为普通决议和特别决议。董事会通过普通决议时，应当经董事会全体成员的过半数同意；通过特别决议时，应当经董事会全体成员三分之二以上同意。

董事会会议应对所表决事项作出书面决议，由出席会议的董事签署。董事会会议决议应真实、准确、完整，列明会议召开的时间、方式、地点、董事出席会议情况、议题内容和表决结果等。董事和其他与会人员对会议内容负有保密责任和义务，应妥善保管会议文件资料。董事会会议记录、决议、授权委托书及会议材料等应当归档保管。会议档案应当永久保存。

董事长可以召开专题会议，根据《公司章程》履行职责，对董事会授权事项及有关重要经营管理事项开展集体研究决策。董事长专题会议议事范围包括：

（1）贯彻落实党中央、国务院决策部署和国家发展战略的重大举措；

（2）电力市场建设中长期发展规划研究报告；

（3）电力交易、经营管理等方面的重要事项；落实电力体制改革、国有企业改革部署，以及推进内部管理体制机制改革等方面的重要事项；

（4）公司部门（机构）的个别设置和调整、人员编制方案；

（5）公司所属单位机构编制管理重要调整事项；

（6）安全生产、生态环保、维护稳定、社会责任等方面的重大事项；

（7）董事会授权的其他事项；

（8）董事长认为应研究的其他事项等。

董事长专题会议由董事长召集和主持，公司领导班子成员参加，董事会秘书、支部党务联系人列席会议。根据会议议题，董事长可指定有关人员列席会议。董事长专题会议须有应参会人员的半数（含）以上到会方可召开。在研究公司利润分配方案和弥补亏损方案，公司增加或者减少注册资本的方案，公司合并、分立、解散或者变更公司形式的方案以及董事会授权的资产（股权）投资、处置和划转等重大事项时，必须有三分之二以上参会人员到会。参会人员因故不能参加会议，应于会前向董事长请假。参会人员因故不能参加会议，应当在会前请假。

公司应设立董事会秘书，对公司和董事会负责。董事会秘书列席董事会会议、董事长专题会议、总经理办公会议等重要决策会议。董事会设立董事会办公室，作为董事会的办事机构，由董事会秘书领导。董事会办公室负责公司治理研究和相关事务，筹备董事会会议，为董事会运行提供支持和服务。董事会办公室配备专职工作人员。

根据国企改革三年行动的要求，中央企业及其有关子企业应建立外部董事占多数的董事会专门委员会，一般包括战略与投资委员会、薪酬与考核委员会、提名委员会、审计与风险委员会。

（1）战略与投资委员会负责：研究公司发展战略和中长期规划；研究公司年度经营计划、投资计划、财务预算、资产负债率上限；研究公司主业调整、投融资项目及投资项目负面清单、资产重组、资产处置、产权转让、资本运作、担保、工程建设等事项；研究公司利润分配、弥补亏损方案、增减注册资本方

案，预算内大额度资金调动和使用、超预算的资金调动和使用、大额捐赠和赞助以及其他大金额资金运作等事项；研究公司改革改制方案、战略性重组等影响公司发展的重大事项；研究企业民主管理、职工分流安置等涉及职工权益以及安全生产、生态环保、维护稳定、社会责任等事项。

（2）薪酬与考核委员会负责：研究公司工资收入分配制度及方案；组织拟订经理层成员经营业绩考核办法和薪酬管理办法；组织开展经理层经营业绩考核，向董事会提出考核结果建议和薪酬兑现建议方案。

（3）提名委员会负责：拟定公司高级管理人员选任标准和程序；向董事会提出总经理人选建议；审核经理层副职、董事会秘书和总法律顾问人选并向董事会提出建议。

（4）审计与风险委员会负责：推进公司法治建设，对经理层依法治企情况进行监督；指导公司风险管理体系、内部控制体系、合规管理体系和违规经营投资责任追究工作体系建设，督导公司内部审计制度的制订及实施，并对相关制度及其执行情况进行检查和评估；审核公司的财务报告、财务决算报告，审议公司的会计政策及其变动并向董事会提出意见；审核公司开展金融衍生业务的资质，研判业务开展的可行性，确定可开展的业务类型，并提出审核意见；监督公司贯彻落实党中央、国务院决策部署、经理层执行董事会决议、相关授权对象决策、高级管理人员经营管理行为等重点领域工作，定期听取工作汇报，向董事会提出建议；督促公司整改落实审计、国资监管、专项督查检查等发现的问题，定期听取工作汇报，向董事会提出建议；依规组织开展投资项目后评价工作，必要时开展专项督查，向董事会提出建议。

10.1.2.4 监事会的运行

公司设监事会，监事会是公司的监督机构，向股东会负责。监事会的设立由章程明确，监事的数量一般为单数，监事会设主席 1 名，由全体监事过半数选举产生。监事每届任期一般为 3 年，监事任期自股东会决议通过之日起计算。任期届满可以连选连任。

电力交易机构监事会应依法行使以下职权：

（1）检查机构财务；

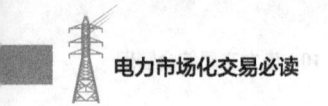

（2）对董事、高级管理人员执行公务的行为进行监督，对违反法律、行政法规、章程或者股东会决议的董事、高级管理人员提出罢免的建议；

（3）当董事、总经理或其他高级管理人员的行为损害机构利益时，要求其予以纠正；

（4）提议召开股东会临时会议，在董事会不履行章程规定的召集和主持股东会会议职责时召集和主持股东会会议；

（5）向股东会会议提出议案；

（6）依照《公司法》相关规定，对董事、高级管理人员提起诉讼；

（7）机构章程规定的其他职权。

监事会会议是监事会行使职权的重要形式。监事会会议包括定期会议和临时会议。监事会每年至少召开一次定期会议，监事可以提议召开临时监事会会议。会议通知应当在会议召开 5 日前以书面通知全体监事，会议通知应载明会议时间、地点、会议方式、议题及相关资料。监事会会议由监事会主席召集和主持。监事会主席不能履行职务或者不履行职务的，由半数以上监事共同推举一名监事召集和主持监事会会议。监事会会议应当由半数以上的监事出席方可举行。监事会会议实行一人一票表决制度，监事会决议经半数以上监事通过方可有效。监事对提交监事会审议的议案可以表示同意、反对或弃权。监事会会议应当由监事本人出席，必要时，在保障监事充分表达意见的前提下，经召集人（主持人）同意，通过视频或电话方式参加会议可以视为本人出席会议。监事因特殊情况不能出席时，可以书面委托其他代理人代为出席，委托书中应载明代理人的姓名、代理事项、授权范围和有效期限，并由委托人签名或盖章。监事未出席也未委托代表出席会议的，视为对监事会决议弃权。

除不可抗力等特殊情况以外，每年度出席监事会会议次数不得少于会议总数的四分之三。监事会对所议事项的决定形成会议记录，出席会议的监事应当在会议记录上签名。代理人出席时，由代理人签名。出席会议的监事有权要求在记录上对其在会议上的发言作出说明性记载。

10.1.2.5 高级管理层

公司高级管理人员包括总经理、副总经理、财务负责人以及其他由机构按

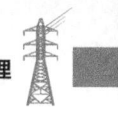

照规定明确聘任为高级管理人员的人员。公司经理层依法依章程行权履职，维护公司党组织的领导作用，对董事会负责，维护出资人和公司利益。

总经理对董事会负责，向董事会报告工作，董事会闭会期间向董事长报告工作。总经理应依法行使下列职权：

（1）主持生产经营管理工作，组织实施执行董事会决议；

（2）拟订战略和发展规划、经营计划、投资计划和投资方案；

（3）根据董事会授权决定一定额度内的投资项目；

（4）拟订重大资产处置方案、对外捐赠或者赞助方案，批准公司小额资产处置方案、对外捐赠或者赞助；

（5）拟订年度财务预算方案、决算方案，利润分配方案和弥补亏损方案；

（6）拟订增加或者减少注册资本的方案；

（7）拟订内部管理机构设置方案；

（8）拟订的基本管理制度，制定具体规章；

（9）拟订改革、重组方案；

（10）拟订收入分配方案；

（11）拟订建立风险管理体系、内部控制体系、违规经营投资责任追究工作体系和法律合规管理体系的方案，经董事会批准后组织实施；

（12）建立总经理办公会制度，召集并主持总经理办公会；

（13）协调、检查和督促各部门的生产经营和改革、管理工作；

（14）提出行使所投资企业股东权利所涉及事项的建议；

（15）法律、行政法规、章程规定和董事会授权行使的其他职权。

总经理办公会议议事范围主要包括：

（1）公司控股公司合理持股比例设定事项；

（2）公司其他单项原值在一定额度范围内的固定资产变动事项；

（3）上级统一部署的电力交易平台建设等项目；

（4）单项投入一定额度范围内的委托外单位牵头承担的科技项目；

（5）单项投入一定额度范围内的管理咨询项目；

（6）单项投入一定额度范围内以下的其他项目；

（7）公司一定额度范围内的应急资金支出；

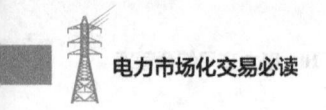

（8）一定额度范围内的对外捐赠和赞助事项。

总经理办公会会议是董事会行使职权的重要形式。总经理办公会议由总经理召集和主持。总经理因故不能主持时，可委托公司经理层其他成员主持。因工作特殊需要，董事长、党支部书记可以列席总经理办公会议。公司经理层成员参加会议。董事会秘书、支部党务联系人列席会议。会议主持人根据议题指定有关人员列席会议。总经理办公会议须有应参会人员的半数（含）以上到会方可召开。参会人员因故不能参加会议，应当在会前请假。

总经理办公会议决议以《总经理办公会议纪要》形式发布。综合管理部门负责起草《总经理办公会议纪要》，由总经理审定签发。综合管理部门负责妥善保管会议相关文件，并根据公司档案管理规定按年度及时归档并保存。查阅会议材料、记录、纪要须经综合管理部门主任审核，报总经理批准。

10.1.3 人、财、物管理

10.1.3.1 劳动人事管理

电力交易机构的劳动人事管理主要涉及人员招聘、劳动合同管理、绩效管理、薪酬管理和员工奖惩管理等方面内容。电力交易机构应依据国家法律、行政法规和有关政策规定制定相应的人力资源管理办法，同时应依据国家和地方法律法规依法缴纳社会保险，规范执行劳动保护政策，保障员工合法权益。

人员招聘管理方面，电力交易机构应依据国家发展改革委、国家能源局《关于推进电力交易机构独立规范运行的实施意见》（发改体〔2020〕234号文）要求，自2020年起的新进普通工作人员一律采用市场化招聘。人员选聘应统筹考虑电力交易机构发展规划和业务需要、定员定编数、上岗条件、自然减员等因素，周期性开展人力资源需求预测，科学编制年度招聘计划。交易机构根据招聘计划统一编制招聘公告，报上级审核后，通过招聘平台发布。对申报招聘人员开展资格审查和简历筛选后，对符合条件的人员开展后续笔试、面试及综合考察流程，再根据应聘考试、考察结果，研究拟录用人选，报上级审核。交易机构将对核准人选进行公示，并组织开展入职体检，公示无异议且体检合格者，将与交易中心直接签订劳动合同。

薪酬管理方面，电力交易机构应依据国家发展改革委、国家能源局《关于

推进电力交易机构独立规范运行的实施意见》(发体改〔2020〕234号文)要求，建立科学合理、具备竞争力的薪酬分配机制，保障交易机构从业人员的专业能力。交易机构应结合实际建立合理的薪酬管理体系，规范薪酬分配秩序，优化完善绩效考核结果与薪酬挂钩机制，合理拉开差距，充分发挥薪酬的分配激励作用，实现交易中心薪酬管理的规范化、制度化和科学化。薪酬体系应包含基本工资、绩效工资、社会保险、福利、假期和缺勤待遇标准等方面内容。

绩效管理方面，电力交易机构应建立科学、规范的绩效管理体系，通过绩效考核等手段来保障各项工作目标按质、按期完成，提高员工工作的积极主动性，促进交易机构高质量发展。具体应做好以下四个方面：

（1）建立专门的管理机构。顶层上应设立由主要负责人和其他领导班子成员组成的绩效管理委员会，主要职责是审定绩效管理实施细则和考核指标，分解并下达重点工作任务，对各部室进行绩效评价，并决策绩效管理所涉的重大事项。绩效管理委员会下设绩效管理委员会办公室（简称绩效办），主要职责是负责绩效管理日常工作，对各项重点工作进行督办。

（2）制定绩效管理实施细则。实施细则应明确职责分工、绩效考核方式、绩效管理流程、考核结果及应用等方面内容。考核方式可灵活多样，根据业务需要和管理要求选择采取目标任务制、工分制、抢单制等方式。采取目标任务制时，可制定目标任务指标、奖励性加分、减项指标和综合评价，其中：目标任务指标可包括关键业绩指标和重点工作任务；奖励性加分是指超额完成目标任务，工作出色获得上级认可，或荣获表彰奖励等；减项指标主要是对未按质按量完成既定任务，或者出现安全事故、廉政问题等方面的减分；综合评价可采取领导评价与部室互评相结合的方式进行，领导评价从工作质量和执行力等维度对部室工作进行综合评分，各部室则对其他部室的工作协同配合情况进行评分。考核周期可以按月、季或年进行。

（3）有序开展绩效管理活动。绩效管理工作包括绩效计划制定、绩效计划实施、绩效考核评价、绩效反馈和改进提升等环节。年初，绩效办根据上级下达的考核指标及重点工作任务，拟定和分解年度目标任务指标至各部门，经绩效管理委员会审定后发布；各部门每季度（或月）重点工作任务根据年度重点工作任务、考核指标和近期工作需要滚动更新，确保绩效管理目标与交易机构运营要求契合；各部室应按照绩效计划，高质高效完成节点任务，定期分析绩效计划执行偏差和问题，制定改进措施并及时整改。绩效办动态跟踪各部室重点督办工作完成进度，提交检查结果至绩效管理委员会审核。绩效管理委员会定期对各部室进行绩效考评，各部室主要负责人根据考评结果，再对部室人员进行绩效评价。各部室可自行制定本部室所适用的绩效评价方法，部室全体人员同意后施行。每季度（或月）末，各部室先根据绩效目标完成情况和评价标准进行绩效自评，提交绩效汇报材料和申请加分佐证材料给绩效办。绩效办在下月初组织召开绩效评价改进会议，由绩效管理委员会对各部室实施考核评价，研究确定部室绩效评价结果，绩效办在会后发布各部室绩效考评结果。结果发布后，由各部室负责人对员工进行月度绩效考核评价，将员工月度绩效结果报绩效办。绩效考评会定期反馈考核结果，帮助部室、员工查找问题，制定部室、员工的绩效改进计划，指导员工持续提升工作绩效。

（4）考核结果确定与应用。部室和员工的绩效评价采取季度（月度）评分，年度评分评等级的方法。全年绩效为季度（月度）评分与年度指标完成得分加权平均得分。根据全年得分排序，可赋予优秀、良好、合格、不合格等级别，绩效考核结果应与薪酬分配、岗位调整、人才评价、评优评先等挂钩。

10.1.3.2　财务管理

依据国家发展改革委、国家能源局《关于推进电力交易机构独立规范运行的实施意见》（发体改〔2020〕234号文）要求，交易机构应坚持非营利性定位，根据员工薪酬、日常办公、项目建设等实际需要，合理编制经费预算。与电网企业共用资产的交易机构原则上不向市场主体收取费用，所需费用计入输配电环节成本并单列，由电网企业通过专项费用支付。具备条件的交易机构经市场管理委员会同意，也可向市场主体合理收费，经费收支情况应向市场主体公开。

电力交易机构应规范开展财务内控制度建设，应遵循集约化、精益化、标准化及规范化原则，明确各专业流程包括预算管理、会计核算管理、资产产权管理、资金管理、工程财务管理、稽核内控与风险管理、财税管理及财务机构设置等管理方式，建立对应的专业管理办法。

交易中心全面预算管理体系应包括：一个主体（预算组织机构）、三类对象

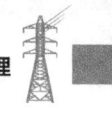

（综合预算、业务预算和财务预算）、四大环节（预算编制、监控分析、预算调整、考核评价）、两项保障（制度保障、信息技术保障）。

按照管理环节划分，交易中心全面预算管理分为预算编制（含审批、下达）、监控分析（含执行、监控、分析）、预算调整、考核评价等主要环节。按照管理期间划分，交易中心全面预算分为中长期预算、年度预算和月度预算。中心应结合财务发展规划及外部监管要求，建立健全中长期预算管理机制，促进年度预算有效衔接中长期预算，月度预算有效落实年度预算。

按照管理属性划分，交易中心全面预算分为综合预算、业务预算和财务预算。综合预算全面反映预算期间中心财务状况、经营成果和资金收支，既是业务预算和财务预算结果的综合体现，同时又根据经营目标对业务预算和财务预算实施统筹优化和综合平衡。综合预算包括：利润总额、净利润、资产负债、资本性收支、融资等预算及应收利润率、EVA等经营业绩考核指标。业务预算包括：职工薪酬、福利支出；小型基建、生产技改、生产辅助技改、生产大修、生产辅助大修、零星购置、信息化投入、研究开发、管理咨询、教育培训、市场建设投入等；其他资本性和成本性项目预算等。财务预算包括：固定资产折旧、利息支出、资产减值损失预算、其他业务收支、营业外收支、应交税金、资本运营等预算。

全面预算管理体系组织机构包括：预算决策机构、预算管理办公室和预算责任部门。公司股东会、董事会是预算管理的决策机构。董事会负责审核公司年度预算方案和调整预算方案，并提交股东会审议；股东会负责审议批准公司年度预算方案和调整预算方案。预算管理办公室是预算管理的日常工作机构，办公室设在财务资产部，主要职责是负责制（修）订预算管理制度并监督执行；负责组织编制预算方案及预算调整方案，提交预算决策机构审议，待履行公司相关决策程序后分解下达至相关部室并督导落实；负责统筹平衡财务能力与投入需求，组织相关专业部室提出业务预算建议方案；负责组织开展预算执行分析和监督检查，协调解决预算管理过程中的重要事项；负责组织实施预算考核与奖惩工作；负责完善预算管理相关的报告体系。各部室是预算管理责任部门，应当在预算管理办公室的指导下，组织开展工作。以湖南电力交易中心为例，各主要部室主要职责是：

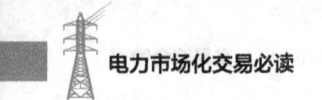

财务资产部：全面预算归口管理部门，除预算管理办公室的职责外，还要负责项目可研经济性与财务合规性审查；负责职工薪酬、福利支出、差旅费、业务费等业务预算管理；负责审核各部门教育培训项目计划，提出教育培训项目预算安排建议；负责预算与综合计划的衔接。

综合部：负责办公费、业务招待费、车辆使用费、出国（境）人员经费、会议费、广告宣传费、企业负责人履职待遇和业务支出等业务预算管理；负责党组织工作经费预算管理；负责审核各部门管理咨询项目、课题研究项目；负责小型基建项目、固定资产零购项目、生产辅助技改、生产辅助大修项目审核，提出预算安排建议；开展项目预算执行情况分析。

市场部：负责提出市场成员本专业培训计划；负责提出市场相关管理咨询和课题研究预算安排建议；负责市场建设投入、品牌建设推广投入项目预算安排建议；开展项目预算执行情况分析。

交易部：负责提出市场成员本专业培训计划；负责提出交易相关管理咨询和课题研究预算安排建议；开展项目预算执行情况分析。

结算部：负责提出市场成员本专业培训计划；负责提出结算相关管理咨询和课题研究预算安排建议；开展项目预算执行情况分析。

技术部：负责汇总审核各部门提出的交易平台建设计划，提出交易平台开发项目预算安排建议；负责信息化投入项目审核，提出项目安排建议；开展项目预算执行情况分析。

服务管理部门：负责提出市场成员本专业培训计划；负责提出服务相关管理咨询和课题研究预算安排建议；开展项目预算执行情况分析。

交易机构的预算编制、审批、发布与执行既应按照电网公司的"两上两下、先下后上"编审流程，又应按照公司法、公司章程的要求履行三会决策程序。每年10月中旬，预算管理办公室组织召开会议，启动下一年度预算编制工作。研究政策、研判市场，收集业务信息，提出预算编制原则建议；结合公司财务状况、提出预算总控目标建议草案。每年10月下旬，根据电网公司"一下"预算中确定的总控目标，完善预算编制原则，调整公司预算总控目标建议草案，报总经理办公会审核。每年11月中旬，根据确定的预算总控目标和预算编制大纲，组织开展预算草案编制工作，优化平衡能力与需求、收入和支出，形成公

司预算草案建议，经总经理办公会审核后报送电网公司。次年2月底前，根据控股公司下达的"二下"预算方案，将预算责任层层分解落实到各部室和明细项目，形成年度预算执行控制方案，经董事会审核、股东会审议批准后报送电网公司。公司应严格执行股东会审议批准的预算方案，将预算指标层层分解，下发各部室，形成全面的预算责任体系，确保年度经营目标可控、在控。

在执行过程中，交易中心应建立月度预算管理制度。加强预算执行过程管控，按照时序将年度预算分解到月度，促进年度预算有序完成。通过月度现金流量预算对接具体项目和明细科目，实现业务流与资金流双控。各业务部门要按照职责分工提报归口业务的资金支出申请。财务资产部要做好月度现金流量预算安排与实际资金收支的衔接，严格按照月度现金流量预算组织资金收支，控制支付风险，增强现金保障能力，提高资金使用效率。要严格预算控制，确保有预算不超支、无预算不开支。公司对"三公"经费、会议费、客服及商务费、信息系统运维费、团体会费等重点支出预算实施单项控制。对于未纳入年度预算和月度现金流量预算但确需发生的预算外支出，应按规定履行审批程序后实施。建立重大预算偏差事项报告制度。发生重大预算偏差事项时，责任部室应向预算管理办公室进行专题报告。建立预算分析通报制度。监控预算执行进度，跟踪分析存在问题，及时提出解决措施。

在公司资金管理方式上，实行分层管理、分级负责的资金安全管理责任制度。交易机构主要负责人是资金安全管理的第一责任人，负责内控体系运行及关键岗位人员配备，落实资金安全岗位责任，保障资金安全。各业务的分管领导负责组织落实本专业资金安全管理规章制度，不断完善资金安全管理内控体系，承担相应责任。财务和业务部门负责人对本部门资金安全管理负责，承担相应责任。财务和业务部门承办业务的人员根据职责对经办业务的资金安全负责，承担相应责任。

10.1.3.3 物资管理

电力交易机构的物资管理，是指在机构的运营过程中，对所需物资和服务的计划、采购、合同、档案管理等全过程管理。电力交易机构应按计划管理模式开展全部物资与服务的采购。

计划管理应坚持"统一、集中、全面、刚性"原则，执行统一标准，覆盖所有采购需求。由各业务部门提报物资或服务采购计划，计划管理人员进行汇总和初审。计划管理人员应主动参与项目前期等工作，统筹协调需求计划与预算的关系，确保需求计划合规、准确、及时。对不同的采购需求，应采取适合的采购方式进行采购。适用的采购方式包括以公开和邀请方式进行的招标、竞争性谈判、询价采购、单一来源采购以及直接采购。除直接采购外，原则上均需委托招投标公司进行。

物资管理部门应开展物资合同全过程管理，包括物资合同的签订、履约、变更、结算、归档、检查及考核等管理工作。物资档案管理应遵循"谁主管、谁负责""谁形成、谁整理"的原则。管理活动中形成的具有利用和保存价值的多种载体的文件材料，应按照统一的分类方案、归档范围和管理期限，由物资管理部门定期组织收集、整理和归档移交。

10.1.3.4 税务和工商管理

电力交易机构作为有限责任公司，应严格执行国家有关税收管理的法律、法规和公司纳税管理制度；足额、及时缴纳各项税款；做好纳税基础和档案管理工作；按需开展纳税管理人员培训工作，及时掌握最新税收政策。交易机构纳税管理，应遵循"规范管理、准确纳税、防范风险"的基本管理原则：

（1）税务登记：包括开业登记，变更登记，停业、复业登记和注销登记。如交易机构的经营范围、法定代表人、经营场所发生变化，应自工商行政管理机关办理变更登记之日起30日内办理税务变更登记。

（2）纳税申报：包括月度申报、季度申报、年度汇算清缴和按次申报。交易机构应准确掌握不同税种的申报期限要求，及时、准确填写纳税申报表和相应财务报表，按时完成纳税申报并足额缴纳税款。

（3）重大纳税事项报告制度。交易机构应及时向公司管理层报告重大纳税事项，包括：税务检查；导致税收处罚或缴纳滞纳金的事项；可能引起涉税风险的事项。

（4）纳税资料管理。交易机构应按国家政策和公司管理要求整理和归档各类纳税资料，不得擅自损毁，纳税资料是重要财务档案，执行相应的档案管理

时限要求。

电力交易机构成立时需办理工商登记，获取营业执照后才能按经营范围规范开展电力交易相关业务。电力交易机构作为有限责任公司，需要按工商局要求及时完成工商信息公示，并根据需求办理工商变更等事项：

（1）信息公示，包括按时报送工商年报和申报即时信息。根据《企业信息公示暂行条例》的要求，交易机构应当于每年1月1日至6月30日，通过国家企业信用信息公示系统向工商行政管理部门报送上一年度年度报告，并向社会公示。当年设立登记的企业，自下一年起报送并公示年度报告。年度报告内容应真实反映交易机构存续经营实际情况，交易机构对其公示信息的真实性、及时性负责。交易机构还应当自下列信息形成之日起20个工作日内通过企业信用信息公示系统向社会公示：股东认缴和实缴的出资额、出资时间、出资方式等信息；股东股权转让等股权变更信息；行政许可取得、变更、延续信息；知识产权出质登记信息；受到行政处罚的信息；其他依法应当公示的信息。

（2）申请工商变更。电力交易机构的股东会决议涉及到以下变更事项的，一般应在变更决议作出后30天内向工商局申请变更登记。具体变更时限要求如下：

1）变更名称的，应当自变更决议或者决定作出之日起30日内申请变更登记。

2）变更法定代表人的，应当自变更决议或者决定作出之日起30日内申请变更登记。

3）增加注册资本的，应当自变更决议或者决定作出之日起30日内申请变更登记。

4）减少注册资本的，应当自公告之日起45日后申请变更登记，并应当提交公司在报纸上登载公司减少注册资本公告的有关证明和公司债务清偿或者债务担保情况的说明。

5）变更经营范围的，应当自变更决议或者决定作出之日起30日内申请变更登记；变更经营范围涉及法律、行政法规或者国务院决定规定在登记前须经批准的项目的，应当自国家有关部门批准之日起30日内申请变更登记。

（3）营业执照变更申请资料的注意事项。交易机构变更名称、住所、法定

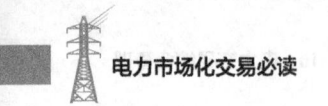

代表人、注册资本、企业类型、经营范围、营业期限、公司股东应向工商行政管理机关申请变更登记，一般需提交下列文件：公司法定代表人签署的《公司变更登记申请书》；依照《公司法》作出的变更决议或者决定；其他有关文件、证件；公司变更登记事项涉及修改公司章程的，还应提交修改后的公司章程或公司章程修正案。具体以当地工商部门要求为准。变更登记资料准备需注意以下事项：

1）因股东会决议一般只有 30 日的工商变更时效，为避免签字盖章文件因审核不通过而退回重签，建议在召开股东会之前，将变更所需全部资料模版递交工商部门进行预审核，根据审核意见修改完善文件内容。

2）申报资料涉及签字盖章的，签字需为本人手写签名，加盖签名章或人名章都视同无效。

3）法定代表人授权他人出席股东会的，应提交有法定代表人手写签字并加盖公章的授权委托书。授权委托书应指明具体授权内容，且在有效期内。

4）新任董事、监事及工商变更委托代理人应在办理公司变更登记前进行有效身份验证。具体方法为：登录国家工商总局"登记注册身份验证"App，授权同意办理企业登记注册并确定合适的截止日期，建议将办理企业登记注册截止日期设为最长期限（最长为 10 天有效期）。

10.2 电力交易文化

10.2.1 企业文化的作用

企业的发展中，人是最重要的。在企业管理活动中，很大一部分是管理团队，充分发挥公司人的价值。通过企业制度管理公司员工，是刚性的、冰冷的，是企业强加给员工的，效率不一定高。聪明的企业管理者，一定是通过优秀的企业文化把团队凝聚起来，让员工从"要我做"转变成"我要做"，激发其主观能动性。文化是内在的、软性的、人文化的，在某种程度是一种理念和信仰。企业文化是在长期的经营活动中形成的共同价值观、行为准则、道德规范，在企业管理中起做重要的导向作用、激励功能、凝聚功能、约束功能。

优良的企业文化能够激发员工的使命感，让员工明白自己工作的意义，理

解企业的使命和责任，形成奋发向前的合力；能够实现员工的成就感，发挥激励作用，形成公司上下干事创业、积极进取的良好局面；能够凝聚员工的归属感，志同道合的伙伴一起奋斗，每个人都可以发挥自身的强项，集体荣誉和团队精神得以强化和放大；能够增强员工的责任感，不同于刚性制度的约束，而是以内心的认同为基础，自觉、自信、担当，每一位员工用心倾注每一项工作。

交易中心是不以盈利为目的的特殊平台企业，是电力市场的核心枢纽，为市场主体提供公开透明、公平公正的服务。通过交易平台打造能源生态圈，构建繁荣共生统一电力市场，实现多方共赢，是它的价值所在。因此，电力交易中心应该建立公平公正、共享共赢的企业文化。

10.2.2 交易文化建设

良好的企业文化应该具有独特性、系统性、人本性。企业文化建设应该自上而下地开展，要能反映本企业的特点，形成完善的体系，充分体现对人的尊重。一般来说，交易机构文化建设可以分为五个步骤。

（1）组建企业文化战略委员会。一般由电力交易中心主要负责人亲自领导，设立交易中心企业文化建设小组，并与具有电力相关企业文化建设经验的专业咨询机构合作。

（2）制定企业文化建设战略框架。认真分析电力交易机构的起源、现状、愿景、地域特点、员工诉求等，得出电力交易机构发展要求以及企业文化建设要达成的目标。

（3）形成企业文化"关键词"。科学性、艺术性归纳总结企业远景、企业使命、企业精神、企业理念、企业战略、企业口号等，深刻阐述其内涵，经过企业文化战略委员会商讨、确定，适时征求全体员工意见。

（4）设计规范和形象体系。依据已提炼出的理念层和企业实际需求，设计企业行为规范，包括员工行为规范、服务规范等。进行企业形象系统规划，形成宣导系统、环境系统、组织系统、市场系统等形象体系。

（5）做好文化宣贯和解读。在办公场所和对外窗口张贴宣传企业文化的标语、印制企业文化手册、开展内部文化讲堂等多种方式进行文化宣传。

例如，湖南电力交易中心在2021年初建立了自己的企业文化，在文化建设中考虑了第一大股东国家电网公司底色，即建设具有中国特色国际领先的能源互联网企业的战略目标、努力超越追求卓越的企业精神，注入电力交易机构特色：公平、公正、共享、共赢，融合湖湘文化经世致用、敢为人先的精神，以及企业与员工同向、共同发展的愿景，提出了湖南电力交易中心的文化内核是"正"与"和"，核心价值观是"心致正、行致和"，经营宗旨是"公平、科学、创新、共赢"，机构定位是"努力创践卓越领先的电力交易中心"，员工文化"快乐工作、幸福生活"等，同步形成了交易文化的符号化表达，以翠绿及靛蓝作为标准色，传达共生的活力包容、平台的公平可信，设计"能源之花"作为交易形象，在一楼交易大厅和三楼办公区实现企业文化导入，并由交易中心主要负责人亲自为全体员工讲授企业文化内涵，得到了员工的认同和外界的一致好评。